青少年探索文库
QingShaoNianTanSuoWenKu

中外美术家的故事

张 潜 编

吉林人民出版社

图书在版编目（CIP）数据

中外美术家的故事 / 张潜编. — 长春 : 吉林人民出版社, 2010.10（2021.3重印）
（青少年探索文库）
ISBN 978-7-206-07054-9

Ⅰ. ①中… Ⅱ. ①张… Ⅲ. ①美术家–生平事迹–世界–青少年读物 Ⅳ. ①K815.72-49

中国版本图书馆CIP数据核字(2010)第192074号

中外美术家的故事

编　　者：张　潜
责任编辑：郝晨宇
吉林人民出版社出版（长春市人民大街7548号　邮政编码：130022）
印　刷：三河市燕春印务有限公司
开　本：700mm×970mm　　1/16
印　张：13　　　　字数：150千字
标准书号：ISBN 978-7-206-07054-9
版　次：2010年10月第1版　　印　次：2021年3月第2次印刷
定　价：39.00元

目　录

乔　托

乔托·迪·邦多纳出生在佛罗伦萨北方山区韦斯皮亚诺的一个贫苦农民家庭。他从小就喜欢画画，一边牧羊，一边用石头或小木棍在地上画些自然景物或自己放牧的小山羊。有一天，画家契马布耶路过此地，见小乔托正蹲在地上画画，发现他天赋不凡，便收他为徒弟，带他到佛罗伦萨学画。乔托进步很快，他从古今名人的优秀作品中汲取养分，而且突破了中世纪绘画缺乏艺术生命力的缺陷，创作了许多具有生活气息的宗教画。

1305~1308 年，乔托移居巴多瓦城，在阿累那教堂创作了一组壁画，其内容是描绘圣母及基督的生平事迹，著名的有《金门之会》、《逃亡埃及》、《犹大之吻》和《哀悼基督》等。这些壁画被誉为“14 世纪意大利艺术的重要纪念碑”。1308~

1334 年，乔托曾在比萨、维罗纳、弗拉拉、那不勒斯等许多地方绘制过壁画。1334 年 6 月，乔托设计了佛罗伦萨大教堂的钟楼，并为此楼设计了部分浮雕。同年，佛罗伦萨政府授予他“艺术大师”的称号。

乔托是真正使意大利绘画摆脱拜占庭宗教画风，并走向现实主义道路的第一位画家。他打破了僵硬的拜占庭绘画风格，他笔下的人物开始具有一种浓浓的人情味。在他笔下，就连宗教人物如圣母和耶稣，也变成有血有肉、充满七情六欲的世俗男女。

乔托生活的年代，壁画是主要的绘画表现手段，其作品大多是绘制教堂内的壁画。虽然描绘的仍然是圣经故事，但是，他不仅在构图上打破了中世纪传统绘画抽象、古板和僵硬的构图，而且使人物充满情感，一下子鲜活起来。这些壁画加强了画中人物的肌理和阴影感，也将过去平板的金色或蓝色背景改为透视画法的一般风景，在人物安排上，善于突出主体形象，具有视觉的吸引力。这种艺术处理的方法，成为后来欧洲绘画的典范。乔托的绘画影响意大利长达一个世纪之久，他当之无愧地成为写实画风的鼻祖，被誉为“西方绘画之父”。

波提切利

从小酷爱绘画的桑德罗·波提切利，最初被做皮革工匠的父亲送去一家金银作坊里当学徒，后来遵从他本人的意愿，将他送到当地著名画家菲力浦·利比的画室学习绘画。利比继承了晚期哥特式的手法，其对三维立体事物的把握、对细微人物脸部表情的表现和对细节的重视都对波提切利日后的绘画风格形成了影响。后来波提切利又师从委罗基奥，和比他小 7 岁的达·芬奇是同学。

1470 年，波提切利自立门户，开设个人绘画工作室，很快就受到美第奇家族的赏识，向他订购了大量的画作，波提切利声名鹊起。通过与美第奇家族保持友好关系，波提切利得以接触佛罗伦萨上流社会，广交文学艺术界名流，获取多方面的知识，从而大开眼界，并为他的艺术打下精雕细琢、富丽堂皇、华美多彩的贵族印记。

1492 年，佛罗伦萨发生政治巨变，洛伦佐·美第奇去世，美第奇家族遭放逐。波提切利也因此而失去许多主顾，一些小的订单又被年轻的画家接去，他晚年穷困潦倒，只能靠救济度日。1510 年，波提切利在贫困、寂寞中死去，被安葬在佛罗伦萨“全体圣徒”教堂的墓地里。

波提切利是意大利文艺复兴时期最著名的画家之一，其独特的画风不仅轰动当时，在整个欧洲绘画史上也是独树一帜的。他的作品以宗教和神话题材为主，富有诗意，善于运用刚柔相济的线条来表现被描绘对象的美，追求画的装饰效果。整个画面精致明净，具有韵律感。

《春》是依据诗人波利蒂安歌颂爱神维纳斯的长诗，为庆祝洛伦佐·美第奇新购置的别墅而创作的。在画中，波提切利运用自己丰富的想象力对古代神话故事重新演绎，人物线条流畅，色彩明亮艳丽，用具象的形式诠释了超凡脱俗的理想美。

《维纳斯的诞生》是波提切利的另一幅杰作。源自诗人波利蒂安给波提切利讲的一个故事。他向波提切利描绘了古人心目中维纳斯从海中出现的情景。维纳斯踩着巨大的贝壳，从海中浮现。在飘落的玫瑰花瓣中，风神把她送向岸边，在那里，手持紫红色斗篷的仙女正准备迎接她登岸。在想象和诗意中，波提切利创作了传世名作《维纳斯的诞生》。这幅画的风格在当时颇为与众不同，不强调用传统的明暗法来表现人体造型，而更强调轮廓线，使得人体有浅浮雕的感觉，且富有装饰意味。画中的女神肌肤洁白，金色的长发飘逸，被称为美术史上最美丽的维纳斯，更被誉为文艺复兴精神的缩影。

达·芬奇

莱奥纳多·达·芬奇出生在佛罗伦萨芬奇镇的一个公证人家庭。他是私生子，5 岁时生母被父亲抛弃，他跟随祖父在乡下生活。14 岁时被父亲送到佛罗伦萨著名艺术家委罗基奥工作室学习。委罗基奥是一位用数学、透视法和解剖学等应用科学的方法从事艺术探索和实践的艺术家，对达·芬奇的艺术道路具有重要影响。

达·芬奇学画之初，老师委罗基奥拿来一个鸡蛋让他画，他很快就画了几张，可是老师让他继续画，一连几天都是如此。达·芬奇终于不耐烦了，认为老师小瞧了他，让他画这么简单的鸡蛋。老师看出了他的心思，意味深长地说："这个蛋可不简单，世上没有两个完全相同的蛋，即使是同一个蛋，由于观察角度不同，光线不同，它的形状也不一样啊。"

达·芬奇恍然大悟，原来老师是为了培养他观察事物和把握形象的能力。从此，他废寝忘食地练习绘画基本功，学习各类艺术与科学知识，为以后在绘画和其他领域取得卓越的成就，打下了坚实的基础。

1472 年，20 岁的达·芬奇的名字已经出现在佛罗伦萨画家行会的名单上了。这以后，他的绘画风格逐渐成熟，《受胎告知》、《基督受洗》、《博士来朝》、《持花圣母》等许多作品巩固了他在绘画领域的地位。由于反对美第奇家族的统治，1482 年，30 岁的达·芬奇离开佛罗伦萨，投奔米兰大公，并为他工作了 17 年。在此期间，他创作了《岩间圣母》、《最后的晚餐》、《施洗约翰》等作品。

1500 年，达·芬奇回到佛罗伦萨。在那里，他花费 4 年时间创作了名画《蒙娜丽莎》，完成后他一直舍不得把它交给任何人，晚年移居法国时也带在身边，最后遗存在卢浮宫。这幅画成为了法国人民的骄傲。

运用明暗法创造平面形象的立体感是达·芬奇独特的艺术语言，他曾说过："绘画的最大奇迹，就是使平的画面呈现出凹凸感。"达·芬奇根据圆球体受光变化的原理，首创明暗转移法(亦称明暗渐进法)，即在形象上由明到暗的过渡是连续的，没有截然的分界，《蒙娜丽莎》即是这种画法的典范之作。画中人物兼有理性的原则和高度的诗意、崇高的精神和生动的肉体，正是文艺复兴时期完美人物形象的代表。

米开朗基罗

米开朗基罗·博那罗蒂，1475年生，意大利文艺复兴时期伟大的绘画家、雕塑家、建筑师和诗人，文艺复兴时期雕塑艺术最高峰的代表。与拉斐尔和达·芬奇并称为“文艺复兴后三杰”。

米开朗基罗6岁时丧母，养在一个石匠的妻子的家里，因此从小就对雕塑发生兴趣。父亲送他进拉丁文与希腊文学校学习，但是他学画画，父亲训斥也无用，13岁进入佛罗伦萨画家画室学画，1489年转到另一个画家学雕塑。后来当上美术学校的学生兼助手。那里是文艺复兴运动的中心，人文主义学者集中的地方。在那里工作的14年，使米开朗基罗在思想和艺术上被培养成一个伟大的艺术家。

24岁时，米开朗基罗作为雕塑家开始从事创作。1499年创作的《哀悼基督》是他的成名之作，解剖学科的艺术实践和细致入微的匠心独运吻合了、甚至超出了人们可以理喻的“鬼斧神工”，被誉为15世纪最动人的人性拥抱神性的作品——出示了悲剧却掩饰了哀伤。这一时期的另一件作品是创作于1501年的《大卫》——神化的人形已经确立。

米开朗基罗其后的一些雕刻作品是几组陵墓雕像，断断续续工作了很长时间，其中较为著名的是《垂死的奴隶》、《被缚的奴隶》、《摩西》和《昼》、《夜》以及《晨》、《暮》。米开朗基罗晚年未完成的4件雕刻作品实际上是在为自己设计墓地雕像，是一样的题材《哀悼基督》，形象既不明晰手工也不细腻，或许是在走过了八十多年的人生路程之后，在向世人诉说，不是人生的抱负无以施展，而是天国的奥秘藏而不露。

米开朗基罗雕刻作品的风格形成和创作走向与其绘画作品的风格形成和创作走向是一样的线索：英雄气概磨难而成壮心不已的烈士暮年。早期的作品是其内心世界的表白，随后的一些作品表现为风格样式的定型，后期的作品仍然是艺术家的心情归宿。当时代的人们更多称道的是早中期作品中神人兼备明察的力度，后来的人们更注意其后期作品创作时悬而未决封闭的深度，美学的焦距不再是简单的对准艺术的创造物而是艺术家个人和作品之间、与现实之间纠缠不清的关系，现代艺术更是如此。

米开朗基罗最荣耀的艺术实践是建筑。1546年教皇指派他为罗马圣彼得教堂的建筑师，考虑到自己年事已高他拒绝了这项工作，在教皇的一再坚持下他最终接受了这项委托，却提出附带的条件是不要报酬，因为他并不能确定他还有多少时间从事这项工作，然而他为此一直工作了 16 年。1564 年米开朗基罗逝世之后，教堂的大半工程尚未进行，1590 年，米开朗基罗设计的圆顶方案由波尔塔实施完成。整个教堂综合了几位建筑师的辛勤劳动，但是米开朗基罗的设计比其他几位建筑师的都要多，教堂于 1615 年最后建成完工。

丢　勒

阿尔布雷特·丢勒出生在一个工匠之家，幼年随父习艺，除金银细工外兼学绘画，后拜木刻画家沃尔格穆特为师。23岁时与故乡一位音乐家的女儿结婚，并在离家不远的地方正式成立画室，开始创作肖像画。

1490~1507 年，丢勒先后游历巴塞尔、斯特拉斯堡及威尼斯等地，充分学习和吸收了意大利文艺复兴美术的技艺与理论，成为德国画家中最为博学多才的一个。回国后除绘画外，还积极进行人文主义学术活动，在数学、透视、军事建筑、绘画理论方面皆有研究著述。

1512 年，丢勒成为马克西米里安大帝的御前画家，后到安特卫普、布鲁塞尔等地旅行，进一步丰富了自己的艺术体验。1521 年 7 月返回故里，已是体力衰弱，屡为病魔侵扰，但仍笔耕不辍。1528 年 4 月 6 日，这颗灿烂的文化巨星突然陨落。

丢勒的作品包括版画、油画、水彩画以及素描作品等。其中以版画最具影响力，他是最出色的木刻版画和铜版画家之一，把当时幼稚的版画艺术推向完美的新阶段。

作为“自画像之父”，丢勒是欧洲第一位为自己的容貌和身份所吸引的画家，从而成为伦勃朗的先声，较为著名的作品有《戴手套的自画像》、《1500 年自画像》等。水彩风景画也是他最伟大的成就之一，这些作品气氛和情感表现得极其生动，如《青草地》等。

丢勒的主要作品有《基督大难》、《亚当与夏娃》、《海怪》、《骑士、死亡与恶魔》、《忧郁》等。《四使徒》是他晚年创作中的成功之作，这幅油画不仅体现了人文主义思想，还蕴含着他对宗教改革的鲜明态度。

拉 斐 尔

拉斐尔·桑蒂生于意大利山区的乌尔宾诺城，父亲是乌尔宾诺大公的御用画家。他 15 岁起在画家波伦亚的画室里学习，16 岁时到北意大利安布利亚地区的裴路基亚城，师从佩鲁基诺学习绘画。一天，佩鲁基诺对他说：“我不想让这小地方拖住你，你要到大师云集的佛罗伦萨去，你可以独立工作了。”这年拉斐尔才 19 岁，在佩鲁基诺的引导下，他踏进了佛罗伦萨的艺术世界，很快就融入到画家群里。

教皇朱理二世为了赞颂自己，把最优秀的画家、雕刻家、建筑家都请到罗马来为他服务，当时，米开朗基罗正在为他画西斯廷教堂天顶画。刚满 25 岁的拉斐尔在佛罗伦萨接到罗马传来的圣旨：“教皇想尽快在梵蒂冈见到拉斐尔，以便他在罗马与意大利最优秀的艺术家一起，为美化罗马而工作。”不久梵蒂冈的画家们被告知：除了拉斐尔和米开朗基罗之外，其余的画家全被辞退了。教皇认为罗马只要有这两位大师就足够了。

天才的成就，引来繁重的订画任务，这是拉斐尔的光荣，也是他的悲剧，他被压垮了。拉斐尔永远闭上了双眼，那天正是他 37 岁的生日。罗马人为他举行了最隆重的葬礼，教皇坚持把他葬在万神殿。他的墓志铭这样写道："这里安息着拉斐尔，当他在世时，大自然深恐被他征服；当他谢世后，又怕随他而枯萎。"

拉斐尔和达·芬奇、米开朗基罗鼎足而立，并称为"文艺复兴艺坛三杰"。他是西方美术史上极为擅长塑造圣母形象的大师，著名圣母画有《圣母的婚礼》、《带金莺的圣母》、《草地上的圣母》、《花园中的圣母》、《椅中圣母》、《西斯廷圣母》等，其中集大成者莫过于《西斯廷圣母》。随创作年代不同，这些圣母像具有不同的气质，但总体来说凝聚了文艺复兴时期所有圣母像的优点，既温柔、美丽、优雅，又兼具情人与母亲的风情，体现了人文主义精神。后人一致认为他的圣母像汇集了意大利民间女性的魅力，以至于欧洲各地几百年来一直流传着一句赞美女人的话："像拉斐尔的圣母一样。"

提 香

提香从小就不喜欢读书，上学时常跑到野外去游逛、摘花，将花揉烂，取它的汁液画画。于是，父亲因材施教，将他送到威尼斯画家乔凡尼·贝利尼的工作室学画。在那里，提香遇到了比他大一岁的同学乔尔乔涅。乔尔乔涅享乐主义的人生观、开放的思想行为、熟练的绘画技巧，以及对色彩超乎常人的敏感和表现力，令提香崇拜得五体投地。提香崇拜并模仿他的绘画风格，以至于画上如果不标明作者，人们竟分辨不出二人的作品。乔尔乔涅和乔凡尼·贝利尼相继去世后，提香在威尼斯画坛独步一时。

提香一生非常通达，他既像米开朗基罗那样长寿，又像拉斐尔那样受宠。在上流社会里，他的作品是最有威望的，1516年被选为威尼斯官方画家，1530年受到德国皇帝查理五世接见，此后一直为哈布斯堡王朝作画，并被授予伯爵头衔。提香生前就享受到了作画带来的种种优越条件，这在西方画家中是不太常见的。

威尼斯画派崇尚色彩，作为其领袖人物，提香对色彩的表现力在画派中首屈一指。他对色彩的性能及其相互关系有着深刻的认识和理解，他用色大胆，色调极其丰富明快、微妙而准确；他的笔触热情奔放，流畅自如，不拘陈规，洋溢着生命的活力和雄浑、华贵之美。人们后来甚至称他最为擅长运用的金色为“提香的金色”。

《天上的爱与人间的爱》是提香的成名作，也是威尼斯画派古典绘画形式达到巅峰的代表作。这幅画具有田园牧歌式的乡村情调，富含抒情诗般的优美意境，其光线与色彩统一的视觉效果，堪称完美的典范，对西方油画的发展产生了巨大影响。他的代表作品还有《圣母升天》、《基督下葬》、《酒神巴库斯和阿里阿德涅》、《花神》、《乌尔比诺的维纳斯》等。

丁托列托

丁托列托出生在威尼斯一个染匠家里，原名雅可布·罗布斯提。长大后，为了纪念早年的经历，他给自己取名为“丁托列托”，即“染匠的儿子”之意。他自幼就喜欢绘画，无论是染坊店的墙壁还是地板上都画满了画。父亲非常支持儿子，托人请求提香收他为弟子。但是丁托列托桀骜不驯，常常与先生顶撞，终于被提香赶了回来。年少气盛的丁托列托从此刻苦用功，决心要将米开朗基罗的形体与提香多变的色彩结合起来，创立自己独特的风格。

丁托列托是意大利文艺复兴末期的重要画家，威尼斯画派的杰出代表。他一生从事绘画，以丰醇的色彩、磅礴的构图称雄于世，作品中洋溢着人文主义风范。人类学家房龙称他是16 世纪威尼斯美术黄金时期最伟大的画家，维多利亚时代最有见地的美术批评家罗斯金认为，他甚至超过了提香。

丁托列托以自己独特的风格和旺盛的精力创作了许多出色的、大幅的画。他说如果画幅不大，就画得不完满。《天国》一类壁画都是画在威尼斯宫殿的大厅里，和米开朗基罗《最后的审判》并称为世界上最大的壁画。

虽然丁托列托生活的威尼斯，享乐主义盛行，女性裸体蔚然成风，但他笔下的裸体却较少艳丽和官能性的刺激因素，富有魅力却不妖艳。在最负盛名的女体作品《苏珊娜出浴》、《浴后的苏珊娜》中，丁托列托发挥了他描绘健美形体的专长，柔和的光线使凝脂般的肌肤焕发出异样的观感。英国18世纪油画大师荷加斯认为这两幅画的成就“的确比得上米开朗基罗”。

格 列 柯

埃尔·格列柯原名多米尼加·泰奥托科普利，因为出生在希腊克里特岛的伊拉克利翁，而被称为格列柯，意为希腊人。早年，他在故乡学画曾受到拜占庭画风的影响。1560 年，格列柯来到威尼斯，进入提香的画室，这使他从中世纪美术的圈子进入一个新的时代。丁托列托和委罗内塞也都给过他有益的启示。1570 年，格列柯来到罗马，醉心于拉斐尔和米开朗基罗的艺术。他也受到样式主义的影响，在他作品中常见的变形与激情就与样式主义艺术有一定的联系。这一时期他的主要作品有《圣母升天》、《受胎告知》等。

1577 年，格列柯来到西班牙的托莱多，他的画风有了转变。托莱多是西班牙没落贵族聚居的地方，格列柯来到这里后，受到了旧贵族的热烈欢迎。从此，不合时宜的格列柯便与失意的旧贵族在思想上取得了某些共鸣。他在这一时期的主要作品有《莫里斯的殉教》、《奥尔加斯伯爵下葬》、《圣家族》等。

1600年以后，格列柯的创作进入后期阶段。这时他的心情更加激动不安，性情变得越来越古怪、孤僻、狂放、易怒，人们把他看做怪人。他把自己这种躁动不安的情绪反映到作品上，画面上的人物、自然风景常常处在扭曲变形状态之中，充满了不可遏制的激情，作品有时还带有一定的宗教神秘主义色彩。代表作品有《拉奥孔》、《揭开第五封印》、《托莱多风景》等。1614年4月7日，格列柯在西班牙去世。他的墓志铭这样写着："他用笔给木头以灵魂，给画布以生命。"

格列柯是一位有着哲学思维的画家，苦闷、怀疑、思索是他作品中永恒的基调。在这种基调下，他运用自己最擅长的艺术手段——变形和阴暗的色彩，来表现对时代的感悟与认知。他的变形并不简单等同于样式主义类似病态的美化，甚至有些难看，却更能体现出他眼中世界的本来面目。恰如毕加索所说："在他眼里，这个世界正在崩溃，而他也在描绘这种崩溃……在他身上，无疑具有一些他那个时代，或是我们这个时代不曾认识的伟大的东西。"

格列柯是一位天才而又复杂的人物，今天，他仍是西班牙绘画史上备受礼赞的巨匠。他的作品像一面多棱镜，曲折地反映出16世纪下半叶动荡的西班牙社会和没落贵族的精神危机。在他死后不久，他的风格不再符合人们的口味。20世纪初，他的艺术重新被认识，作品中的现代性备受注目和欣赏。

安尼巴莱·卡拉齐

安尼巴莱是卡拉齐家族3位画家中才气最大、成就最高的一位，他和哥哥阿戈斯蒂诺最初师从堂兄洛多维科学画。1580年，安尼巴莱的绘画天赋在漫游意大利北部时被激发出来，他在威尼斯时与画家巴萨诺同住一处，后者的画风曾影响他一段时期。

安尼巴莱回波伦亚以后，与哥哥和堂兄共同创立美术学院，培养了大批画家。1595年，安尼巴莱去罗马为年轻富有的枢机主教法尔内塞工作，法尔内塞宫是罗马最豪华的宫殿之一，这位主教希望用湿壁画来装饰它的主层。

安尼巴莱在法尔内塞宫装饰书斋之后，与哥哥阿戈斯蒂诺一道从事他毕生的主要事业——为门廊的拱形天顶绘制湿壁画。这些壁画取材于古罗马诗人奥维德的《变形记》，在创作时严格按照古典主义要求来进行，每一笔都精雕细刻，在技法上达到了很高的水平。天顶壁画中央的主要画面是一幅《酒神的胜利》，表现了酒神及其信徒的狂欢场面，画面中的人物千姿百态，表情极为丰富。安尼巴莱的壁画恢复了欧洲纪念碑式的优秀传统，成为17世纪欧洲画家参照的典范之作。

安尼巴莱还是欧洲古典风景画的奠基人，他的画作将“自然美”和“理想美”结合起来，构图严谨，形象清晰，具有庄重之感。代表作《逃亡埃及》借《圣经》故事表现山水风景，描绘了光和大气的微妙变化，古典城堡居于画面的中心位置，人物只居于从属地位，整个画面融古典的和谐、对称及强烈的戏剧性为一体，发挥了风景画的表现潜力，把古典风景画从风俗画中分离出来，使风景画本身富有表达能力和戏剧性。

彼得·勃鲁盖尔

彼得·勃鲁盖尔出生在安特卫普东部的勃鲁盖尔村，他的第一位老师是长于彩色玻璃宗教画的阿尔斯特，此人的妻子教过他在亚麻布上画水彩的方法；后来他又向安特卫普一位重视民间版画的出版商兼画家考克学习。考克是风景画家，兼营画店，曾刻版印行勃鲁盖尔的作品，并与之长期合作。

1551 年，勃鲁盖尔成为安特卫普画家行会的画师，不久后去法国、意大利等地游学。1553 年，在罗马与著名的细密画家克洛维奥合作细密画。归途中，他还在意大利北部乡野和阿尔卑斯山漫游。从现存作品看，他的旅行写生主要为风景画，其对自然的观察和描绘，甚为精细，可当日后创作素材之用。

1563 年，勃鲁盖尔和老师阿尔斯特的女儿结婚，后来移居到布鲁塞尔，并在那里度过生命中的最后6年。他的两个儿子，也都是画家，所以，后人称他为“老勃鲁盖尔”。

勃鲁盖尔是欧洲美术史上第一位农民画家，他在描绘农民的生活中找到了表达思想感情的最好手段，故有“农民勃鲁盖尔”之称；他善于思想，天生幽默，喜爱夸张的艺术造型，因此人们又称他为“滑稽的勃鲁盖尔”；他继承了博斯的艺术风格，又被誉为“新博斯”。

勃鲁盖尔的画具有古朴、率直的特点，人物形体一般很小，所用线条也很粗糙，但给人的感觉却是饱满灵活，绽放着生命的光彩。有时他只抓住农民的一个简单动作就将其一生概括性地反映出来了。《农民舞会》和《农民婚礼》是姐妹篇，生动刻画了一群饱经风霜，却乐观、开朗的农民形象。《雪中猎人》则是一幅展示农村宁静而纯朴的冬猎生活的作品，勃鲁盖尔对大自然的深情描绘，使他成为尼德兰民族现实主义风景画的创始人。

哈 尔 斯

弗兰斯·哈尔斯出生在安特卫普一个毛纺织工人家庭，1585 年左右随父母迁居荷兰，从此终生在哈勒姆居住。他早年曾跟随样式主义画家曼德尔学习，到 1616 年前后以《圣乔治射手连军官们的宴会》为标志，形成了自己独特的绘画风格。

哈尔斯早期与盛期的作品充分表现了荷兰市民健康、愉快、充满生命力的形象，反映出他们朝气蓬勃的精神风貌。这一时期的重要作品有《微笑的骑士》、《弹曼陀铃的小丑》、《吉卜赛女郎》等。后期的作品《哈勒姆养老院的男主持》、《哈勒姆养老院的女主持》等则色调暗淡，色彩变化极少，画面上流露出一种忧郁的情绪，曲折反映出画家暮年的心境，也许这时的世界对他来讲只有黑暗与孤寂。

哈尔斯一生嗜酒且债台高筑，晚年时更是穷困潦倒，直至临终前 4 年还靠政府定期提供的救济金生活，他和第二任妻子寄居在养老院中。1666 年，哈尔斯在哈勒姆去世。

哈尔斯是杰出的现实主义绘画大师，为荷兰现实主义画派的形成和发展奠定了基础。他的肖像画洋溢着乐观主义精神，是欧洲现实主义肖像画发展的高峰。画中人物常常面带笑容，因此他被称为“描绘笑的画家”。他的油画突破传统画法的束缚，色彩朴素明朗，运笔挥洒自如，对欧洲绘画技法的发展起到了重要的启迪作用。

卡拉瓦乔

卡拉瓦乔 1573 年生于卡拉瓦乔镇，11 岁时随全家移居米兰。在那里，他师从当地著名画家西蒙·彼得扎诺学习，继承了意大利北部现实主义民俗画的传统，并受到威尼斯画派的影响。

1590 年，卡拉瓦乔第一次来到罗马，为了糊口不得不进入贵族府当仆役，后入画家阿尔皮诺工作室。曾有文字资料描述他此时的生活方式，说他“干两周的活儿就能挎剑大摇大摆逛一两个月，还有一个仆人跟着，从一个球场到另一个，卡拉瓦乔总是准备争吵打斗，因此跟他在一起非常狼狈”。

1606 年，卡拉瓦乔在争斗时杀死了一个年轻人。这一事件可谓是他的人生转折点，从此，他开始了流亡各地的生活，出庭、坐牢、逃跑、作画一直伴随在他的左右。1610 年 6 月 18 日，卡拉瓦乔因染上瘟疫而客死异乡，年仅 37 岁。

卡拉瓦乔对油画发展有独特贡献，他创造了一种强调明暗对比的“酒窖光线”画法，即把物体完全沉于黑暗中，然后用集中的光突出主要部分，使画面明暗对比强烈，形体结实厚重。同时，阴影会使多余的东西完全隐入黑暗中，用光线凸显画家想引起观者注意的部分，构图简洁单纯，如《圣马太蒙召唤》、《占卜者》等。

卡拉瓦乔还是欧洲静物画的先驱，他吸收细密画中的某些处理手法，提倡以自然本身为依据，如实地反映自然。他的代表作《水果篮》不仅表明了静物完全可以成为独立的绘画主题而存在，也体现了画家与追求理想化格格不入的率真与求实精神。

总之，卡拉瓦乔注重单纯、强烈的明暗对比，强调严谨、鲜明的轮廓造型，追求朴素单纯、直接面对自然的表现方式，形成了朴实无华的画风。以他为首的画派对文艺复兴时期人文主义绘画向17世纪现实主义绘画转型起到了关键作用。

鲁本斯

1577 年 6 月 28 日鲁本斯出生于德国的茨根小城一个律师家庭。9 岁时随父母移居佛兰德斯，定居安特卫普。父亲去世后，母亲送他进一所拉丁文学校学习，他能阅读古希腊罗马书籍原著。14 岁时被送到一位贵夫人府第当侍童，在那里不仅懂得了上流社会礼仪习俗，而且学会了为人处事，这对他后来的发展是有益的。

鲁本斯最初师从于风景画家维尔哈希特和多才多艺的画家诺尔特，在他们的门下学习了 4 年时间，打下了坚实的绘画基础，不久又成为从罗马归来的维尼乌斯的弟子，使鲁本斯受益很大，这使年轻画家对意大利，特别是罗马充满美好的向往。在他 21 岁时成为安特卫普画家公会的会员。两年之后实现了去意大利留学的梦想。

鲁本斯一生的创作中，主要是宗教神话题材，他在基督教题材的创作中，不可避免要受到教会的制约，但在神话题材创作中，就可以自由发挥自己的艺术个性。鲁本斯从威尼斯大师们那里获得色彩造型的启迪，在自己的创作中，色彩艺术得到了尽善尽美的发挥，已经超过了他所尊重的威尼斯画派的成就。

鲁本斯是一位伟大的人文主义画家，即使宗教神话是他创作的主要题材，但他还是以世俗的人物和自然去描绘神界人物，正如法国美术史家丹纳所言：他的作品表面上涂着一层天主教的圣油，而骨子里的风俗、习惯、思想感情，一切都是是异教的。在鲁本斯的作品中体现出热爱生活，对生活充满美好理想、丰富的想象力，通过艺术形象肯定人的力量和人生的欢乐，他善于运用健康丰满、生机勃勃的形象，洋溢着乐观与激情的性格，去表现自己的审美理想与趣味。由于他所处的上流社会环境，迎合上层贵族的审美要求，所以他笔下的人物，尤其是妇女几乎都是贵妇人，体态胖肥，皮肤细嫩，骚首弄姿，扭捏作态，而男子都是浪荡公子一类，在一定程度上反映了佛兰德斯贵族资产者的追求享乐和骄奢淫逸的生活情趣。鲁本斯一生创作极为丰盛，作品多具有宏大的场面，强烈的运动感，雄健的造型，富有想象力和戏剧性情节；对比鲜明、响亮饱满的色彩；流动的线条、激动人心的画面艺术效果，给人以一种富丽堂皇、华美火热、欢腾鼓舞的艺术感受。

鲁本斯一生过着王子般的生活，49 岁时爱妻去逝，53 岁时又与一位 16 岁的妙龄少女结婚，仍然过着幸福生活。在他 63 岁时走完了自己艺术的一生，为人类艺术宝库贡献了三千余幅艺术珍品。法国美术史家丹纳说：佛兰德斯只有一个鲁本斯，正如英国只有一个莎士比亚，其余的画家无论如何伟大，总缺少一部分天才。

委拉斯凯兹

委拉斯凯兹生于西班牙的历史文化名城塞维利亚，父亲是当地的一个下等贵族，与许多大师级的画家一样，委拉斯凯兹从小喜欢绘画，并显示出极高的创作天分。出人意料的是，尽管当时做画家没有社会地位，父亲非但没有反对他的爱好，反而非常支持他，亲自把 12 岁的委拉斯开兹送到当时正享有盛名，号称“塞维里亚的米开朗基罗”的埃里拉家里进行系统的训练。然而不久，迪埃戈发现，这位以刻板的临摹为要义的老师根本不对自己的胃口，于是毅然离开了埃里拉的画室。

爱情可以成就事业吗？当然可以，委拉斯凯兹就是极好的实例。15 岁的他走在大街上，看到一位美丽的少女，少女如花的面庞深深地迷住了委拉斯凯兹的心。他尾随到了少女的住所，巧的很，少女的父亲巴切科正是位著名的画家，委拉斯凯兹于是毫不犹豫地拜师学艺，但是吸引着年轻的委拉斯凯兹的，与其说是老师自身，似乎倒不如说是他的美丽的女儿。

这种有些滑稽的初衷却使委拉斯凯兹受益匪浅，巴切科是位严谨求实的绘画理论大家，他教给这个年轻人如何从现实寻找素材，如何对事物进行敏锐的观察。仅仅过了两年，委拉斯凯兹的才能完全被开发了出来，这时他创作了许多杰出的现实题材作品（《卖水的老人》、《煎蛋的老人》等），在塞维里亚也算是小有名气的艺术家了。另一方面，与米兰达小姐的感情也取得了最终的进展，不久他就和 19 岁的姑娘结了婚。

身兼岳父、老师双重身份的巴切科更加积极地开发委拉斯凯兹身上的才能，竭尽全力地把他培养成为一个独立的画家，特别是介绍给塞维里亚市长的儿子，艺术爱好者奥里瓦斯伯爵。不久菲里普四世起用伯爵担任总理大臣，与此同时，伯爵所喜欢的委拉斯凯兹，也成为了国王的宫廷画家，住在马德里的皇宫里。

在菲力浦四世登上西班牙王位时，决定到首都马德里试一试自己的才能和运气。他在给国王的自荐书中写道：让国王看看并且赏识一下真正的艺术家吧！

国王接受了这位自信的年轻人，并立即让他为自己画肖像。国王对委拉斯开兹画的肖像十分满意，竟下令把自己的其他画像全部从墙上取下来，从此以后只允许委拉斯开兹为自己画像，国王把他请进王宫，给他优厚的待遇。

当时，国王 19 岁，委拉斯凯兹 25 岁，两人结成亲密的友谊，据说国王经常在委拉斯开兹的画室里消磨时光，为了避人耳目，国王从深宫修了一条地道直通画家工作室去玩耍；委拉凯兹也高兴为国王画肖像，国王的肖像在他一生中占很大数量，留传下来的就有 29 幅，《狩猎的菲利浦四世》等都是特别有名的。

不久，宫廷来了一位重要的外使，就是大名鼎鼎的佛兰德斯的画家鲁本斯。国王招待他住在皇宫里，公务之余鲁本斯就来委拉斯凯兹的画室作画。鲁本斯惊异于这个小他 22 岁的年轻人的才华，和那与自己迥异的优秀的创作风格，力劝委拉斯凯兹一定要去艺术之邦意大利学习，亲自领略文艺复兴大师们的成就，并亲自做菲里普四世的工作，国王欣然接受。因此，得到国王允许的委拉斯凯兹，29 岁时到艺术之国意大利去，开始了在意大利的两年进修。他在意大利威尼斯研究丁托列托的作品；在那波利会见里贝拉，就绘画理论交换了许多意见。他精研了文艺复兴时期历代大师的杰出艺术成就，特别是对威尼斯画派对色彩的运用一道颇有心得。

两年后，再回到马德里，人们发现委拉斯凯兹所画的肖像造型更为优雅精确，难能可贵的是有一种隐于纸内的慑人力量，高度的写实功力与对色彩的巧妙把握使他的肖像作品充满了神奇的魅力，委拉斯凯兹真正完成的杰作，都是这以后的事情。菲里普四世以他私藏的这位丹青圣手为荣，把他所做的肖像当作外交上的重要礼物，甚至把画家借给欧洲各王室显贵以显示政治上的宽宏。

于是，委拉斯凯兹便集荣宠于一身，他不仅是宫廷的首席画家，还是皇宫的艺术总监。这自然招致了许多自命正统的画家的嫉妒，嘲讽他只会画肖像，是个“人头”画家。面对这种无稽之谈，委拉斯凯兹显示出大艺术家的自尊，说：“你们要知道，西班牙没有人会画人头。”这件事也真正激发了他的艺术斗志，想在其他方面展现自己的才华，他曾说过宁做西班牙第一流画家的最末一位，也不当第二流画家的第一位，这才有了后来的《布列塔的投降》、《酒神巴库司》、《赫淮斯托斯的炼场》，才有了《无原罪受孕》、《纺织女》、《镜中的维纳斯》等一系列不朽的杰作。他的才能证明他是西班牙画史上第一位大师。

我们纵观委拉斯开兹的全部作品，发现他的画尤为重视色彩表现，这种造型观念是他从威尼斯画派大师成就中获得的。他的作品色彩缤纷，再现了人类自然的美妙。他的色彩超过了前辈大师，他使用复杂的色彩表现技巧。为了更充分地表现对象，有时把颜色直接堆涂到画布上，然后再用画笔来精致地刻画。他对暗部色彩表现非常用心，任何物体的暗部和阴影都是由丰富的色彩组成的。他一般不使用习惯用的棕色或黑色来处理暗部。

委拉斯凯兹的时代是巴洛克风格大兴其道的时代，而委拉斯凯兹本人却没有太多的巴洛克风格。如果仅从色彩上讲，委拉斯凯兹也是当之无愧的巴洛克大师，他的色彩理念同鲁本斯一样来源于对威尼斯画派的继承发展，只不过委拉斯凯兹的色彩更为淳朴自然。《镜前的维纳斯》是委拉斯凯兹晚年的作品，流畅的造型，明亮的色彩是他一生艺术成就的最好总结。维纳斯流露出一种任何画家笔下所不具备的淳朴、自然的美感。

普　桑

尼古拉斯·普桑出生在一个退役军人家庭，家境贫寒，父亲希望自己的独生子能当律师，可儿子却迷上了绘画。18岁时他从家偷偷跑出来，到巴黎向埃尔和拉勒芒等人学画。29岁时为巴黎圣母院作画《圣玛利亚的安眠》，并获得好评。

1624年春天，30岁的画家先到威尼斯，后到罗马，悉心研究古罗马艺术和拉斐尔的作品，表现在自己的创作中既有巴洛克的倾向，又有提香的色彩及学院派的影子。36岁时普桑在大病中得到一位面包师照顾，病愈后与比他小18岁的面包师女儿成婚，过着平静而幸福的生活。

36~46岁是普桑创作的旺盛时期。46岁时他收到国王路易十三和首相黎世留的邀请信，以宫廷首席画家的职位高薪聘请他回巴黎为王族服务。回国后普桑受到热情接待，却失去了艺术上无拘无束的创作自由，用他自己的话说是“像绞索一样套在脖子上”。1642 年，黎世留去世，他借故看望有病的妻子，请假回罗马，从此再也没回巴黎。普桑淡泊名利，潜心作画，又过起闲云野鹤的生活，这一时期他主要集中于风景画创作。1665 年 11 月 19 日，普桑在罗马去世，享年 71 岁。

普桑的作品多以神话、宗教、历史、文学为题材，以古典主义为宗旨，提倡理性、宁静、庄严、崇高的艺术。他的画幅通常不大，但是精雕细琢，构图强调典雅完美，常以柔和的色调来表现神界的空灵与和谐，作品流露出华丽唯美而又极为节制的古典风格。他是欧洲古典主义的奠基人，在他死后不久的 1671 年，巴黎皇家绘画雕塑学院出现了被称为“普桑主义”的学派。

乌　埃

乌埃，1590年生于巴黎。他自幼受到父亲良好的绘画训练和艺术熏陶，显示出“神童”的艺术天才，14岁时画的女子肖像在英国被传为美谈。

23岁时，乌埃来到威尼斯，开始了他的“意大利时代”。他以罗马为中心，沉浸于意大利的文明之中。乌埃的天赋甚高，又善于结交，深得权势者赏识，罗马红衣主教允许他在罗马郊区一所别墅办绘画学校培养学生，他很快成为侨居罗马的法国画家领袖。当他33岁时，他受教皇提名升任圣路加学院的“亲王”（这是教皇赐给外族人的最高荣誉）。

乌埃在意大利居住长达14年之久，在这期间的作品中已显示了出色的艺术技巧和华丽的巴洛克装饰风格，他很善于运用夸张的手法来描绘画中人物的情态，强调画面的动势和卡拉瓦乔式的强烈明暗对比，可以说已成为成熟的巴洛克大师。

1627 年，37 岁的画家应路易十三之召，带着他美丽的意大利妻子回到了巴黎，担任宫廷首席画家长达 15 年之久，是宫廷和法国美术界最受欢迎和尊敬的画家，成为画坛不可动摇的权威。乌埃作为法国巴洛克的代表人物，但在他的创作中尽量避免模仿巴洛克绘画中富丽堂皇的暖色调，而具有一种十分协调的冷色调效果，给人以崇高的感觉。在他的创作中蕴含着法国古典主义的重要因素。代表作有《丰盛》、《十字架上的基督》、《玛丽亚与圣婴》等。

贝尔尼尼

贝尔尼尼生于拿波里，父亲是一位雕塑家，1605年举家迁至罗马。据说，他在8岁时就作了一个小孩头像，这件事使他父亲大吃一惊。他17岁时，已能独立地给大主教萨道尼作一件很不错的胸像了。后来又结识了显赫一时的红衣主教斯皮奥涅·波尔盖兹。在贝尔尼尼初出茅庐的时候，波尔盖兹为了装饰自己的花园，曾向他订购了一系列作品。通过制作这些作品，贝尔尼尼可谓初露锋芒，展示了自己的天分，获得了出人意外的成功，赢得了极大的荣誉。

贝尔尼尼塑造的人物总是处于激烈的运动中。大理石在他手中好像已失去了重量，人物的衣服总是随风轻轻飘起，给人以一种轻快、活泼和不安的感觉。贝尔尼尼刻画的人体的数量上不亚于米开朗基罗，而他更善于表现戏剧性的情节和人体在激烈的运动之中。从其作品中，我们还能看到古典主义传统对他的影响，特别是希腊化时期的风格，很明显在他的作品中得到了反响。当组雕《阿波罗和达芙妮》完成后，贝尔尼尼赢得了整个罗马的赞美，连一些宗教界的高层人士都为之感动，其中包括不久后成为教皇的乌尔班八世也对贝尔尼尼大加赏识。后来，他进入教廷，受教皇之托，为圣彼得大教堂做豪华的青铜华盖，这是雕刻与建筑紧密结合的作品。这件雕刻的十分生动的作品，充分显示出贝尔尼尼一心为宗教服务的思想，也显示出巴洛克艺术的综合性、豪华性、装饰性、戏剧性等特点。其圣彼得大教堂前广场柱廊的创造，气势宏大，富于动感，与米开朗基罗的大教堂圆顶相呼应，使这处景观成为罗马最壮丽的景观。祭坛雕塑《圣德列萨祭坛》的成功，标志着贝尔尼尼雕塑的顶峰的到来。在这件作品中，贝尔尼尼体现出人文主义的思想。它反映了人的尊严、理想和对美好生活的追求。这也是贝尔尼尼创作中的积极成分，也是与一般的巴洛克艺术的不同的地方。

贝尔尼尼的肖像雕塑大致可分为两类：一类是奉教皇、国王之命所作的肖像雕塑。这类作品多般华丽有余，个性不足，往往缺乏人物内心的刻画。第二类是他为自己的朋友和家人所作的肖像雕塑。在制作朋友和家人肖像时，他有更大的自由，所以表现得更为生动些。晚期，1665 年他曾被法王路易十四邀请到法国参加设计卢浮宫的东正面。但这时贝尔尼尼的雕塑越来越显示出一些程式化倾向，而人文主义色彩淡薄了，现实主义的因素也减少了，更多的是宗教神秘色彩。虽然在创作技巧达到了炉火纯青的地步，然而不少作品已缺乏生气和创新。

伦勃朗

伦勃朗出生在荷兰莱顿一个磨坊主家庭。14 岁进入莱顿大学学习法律，不久便辍学专门学习绘画。17 岁去阿姆斯特丹向历史画家拉斯特曼学画。21 岁时已经基本掌握油画、素描和蚀刻画的技巧并形成自己的风格，他回家乡开画室招徒作画，在此期间画了许多自画像。

1631 年，伦勃朗离开莱顿去阿姆斯特丹定居，成为阿姆斯特丹的主要肖像画家。他的肖像画人物安排具有戏剧性，深深打动人心；他以神话和宗教故事为题材的作品供不应求。伦勃朗对戏剧很感兴趣，经常利用如同舞台高光的亮色描绘在阴暗背景下的人物。

1642 年，妻子萨士基亚在儿子出生后不久病死。这件事对伦勃朗打击很大，他开始脱离荷兰上流社会，过起简朴生活，画风也归于质朴。由于早年奢侈生活欠下的债务一直没还清，1656 年，伦勃朗被迫宣布处于变相破产状态，所有动产均被拍卖。1669 年，他在贫病中去世。

伦勃朗是一位出色的油画家、铜版画家，而且在肖像画、历史画、风俗画、风景画等方面都有精湛造诣。在他笔下，光是表现一切形象和色彩的依据，色彩是随着光线的变化而产生的明暗色块的连续运动。这种画法使主题鲜明，受光部分的质感极为强烈。

《夜巡》是伦勃朗家最著名、最引起争议的画作，也是他艺术和人生的转折点。画面采用类似舞台效果的表现手法，使两个主要人物处于照明的中心，显得异常醒目。这是一幅在人物群像上经过深思熟虑，充分体现荷兰革命时期射手们爱国主义精神的杰作。遗憾的是，问世时却很少被人理解，甚至因为没有达到订货者的满意而被告上了法庭。

伦勃朗的自画像一般不注明年份，如若排列起来，可以看出，在 34 岁之前，画像上的他充满自信，俊朗迷人，而晚年时则表情严肃。但他们都有一双洞穿世事的眼睛，具有刚强与坚毅的性格。

布 歇

弗朗索瓦·布歇的父亲是个以绘制细密装饰为主的图案画家，他是儿子的第一任老师。布歇从小接受父亲的教育，练就了扎实的美术功底，19 岁获得美术学院展览会一等奖，并被学院嘉奖去意大利学习 4 年。留学期间，布歇的绘画技法大大长进，并对 17 世纪充满牧歌情调的美术杰作产生兴趣。

回国以后，布歇以一种极富装饰性的绚丽画风赢得了巴黎上流社会的欢迎，成为当时贵妇人沙龙的座上客。路易王朝的贵妇人沙龙是有名的学者、政治家、诗人、音乐家、画家等聚会的场所，能受到那里接待是无上光荣的事。布歇获得了鲜有的荣宠。

布歇进入宫廷后，为路易十五的情人蓬巴杜夫人画了几幅肖像画，深得夫人赏识，被指定为她的素描与版画教师，也因此获得“皇家首席画家”的称号。那位路易王朝的第一美女多次出现在布歇的画中，她被描绘得优雅高贵，端庄中透露着妩媚，给人以强烈印象。布歇为她设计的服装和装饰品图案，也成为当时出入宫廷的贵妇人们效仿的榜样。

布歇一生创作极为丰富，既绘制天顶画、装饰壁画、具有牧歌情调与风俗场景的风景画，也画歌剧院的布景、壁挂织物图样等。最能代表他的风格的是那些为装饰宫廷和贵族府邸而创作的神话题材的故事画，如《维纳斯的凯旋》、《狄安娜出浴》、《日落》等。这些作品色彩华美柔丽，人体和谐匀称，表现了他的想象力和装饰才能，却充溢着宫廷脂粉气息。

布歇的创作较多地表现女性美，他喜欢用明亮柔美的色调来表现人物的丰腴质感，让肌肤闪耀着珍珠般的迷人色泽，观众能从中感受到画中人物所传达出来的愉悦与活力。布歇是将洛可可风格发挥到极致的画家，深受国王和蓬巴杜夫人的宠信。他的艺术之路异常通达，功名富贵与他终生相伴。

雷诺兹

乔舒亚·雷诺兹出生在英国德文郡一个牧师家庭，从小就勤奋好学，除了读书，便是把时光消磨在画板上。8 岁即攻读《画论》、《画理》等理论名作，并在练习时加以运用。童年的经历似乎注定了雷诺兹长大后成为一名与理论为伍的画家。

雷诺兹从满怀大志的少年成长为满腹经纶的青年，出众的才学和画艺使他在当地颇有名气。一个偶然的机会，他得到海军舰队基贝尔总督的赏识。总督带他来到意大利，在那遍布艺术奇珍的圣地，他贪婪地研究着前辈艺术巨匠的杰作，最后得出了一个预示着他日后推崇宏伟风格的感叹性结论：“我认为米开朗基罗高于全世界。”雷诺兹废寝忘食地学习，不幸患上了流感，发烧竟至耳聋，此后的岁月都是在无声世界中度过的。

1753 年，雷诺兹回到伦敦，立刻得到艺术界的捧场，成为当时最著名而且是收入最多的肖像画家。1760 年，他组织创办了英国艺术家展览协会，依照法国的成例，每两年举办一次沙龙艺术展览。1768 年，他主持创办了英国皇家美术学院并任首席院长，这时雷诺兹已经是英国乃至欧洲首屈一指的大师。1769 年，他被封为爵士，成为英国历史上第一位获得贵族头衔的艺术家。雷诺兹 66 岁时视力突然减弱，不久左眼就失明了。但他仍然坚持在画板前作画，继续画理研究。

雷诺兹强调绘画的最高成就是表现古代希腊罗马的主题以及他们作品中的英雄气概和人的苦难，他的画作成为英国学院派的经典，是反浪漫主义的理性思想的体现。

雷诺兹是英国最伟大的肖像画家之一，深受文艺复兴绘画传统的影响，力求将昔日巨匠的崇高绘画风格与现实模特的敏锐个性结合在一起，开创了一种宏伟的肖像画创作风格。就英国肖像画在欧洲绘画史上的地位来看，他是不可或缺的人物。

夏尔丹

夏尔丹起初以木工手艺为生，后来在学院派画家卡泽和科伊佩尔的画室学习。1728年创作的静物画《鳐鱼》在沙龙展出获得极大成功，夏尔丹一举成名，被接纳为皇家学院院士。

1740年，夏尔丹以《餐前祈祷》谒见路易十五，画中所描绘的平凡生活竟使国王羡慕不已。这幅画深刻地印证了一句俗语：生活中并不缺少美，缺少的是发现美的眼睛。因为曾为《餐前祈祷》所感动，当画作《市场归来》完成后，路易十五立即出高价购买了这幅作品。夏尔丹晚期创作以风俗画为主，表现了第三等级“小人物”的日常生活，画风平易、朴实，给人以亲切平和之感。

夏尔丹是极受法国启蒙思想家狄德罗推崇的画家之一。他擅长静物画，也擅长风俗画。他的风俗画善于把人物形象和生活环境联系起来，表现城市平民平凡简朴的生活及其日常生活趣味。他笔下的下层人民，不仅外表美，内心更美，多具有吃苦耐劳、善良淳朴的传统美德。

夏尔丹的静物画达到了极高的艺术水平。有位评论家说过，在他之前，法国只有静物，是夏尔丹使静物有了生命。这也正是其静物画真正魅力之所在。夏尔丹以娴熟的绘画技巧和多样的表现方式，运用丰富的光线明暗变化及其反射光所构成的微妙变化，充分表现了物象的整体形态感。他的画作能赋予静物以生命，给人以动感，引起热爱生活的人们思想情感的强烈共鸣。

夏尔丹的一生可谓幸与不幸并存。家境虽不富裕，他与妻子却情投意合，过着幸福的生活。可惜，这段婚姻只维持了5年，妻子就和女儿同日去世了。继妻的孩子又不幸夭折，这种打击是常人所难以忍受的。幸而继妻十分贤惠，在生活上处处给他以安慰，他在画坛上也日益受人尊敬，这也算是上天对他的补偿吧！

托马斯·庚斯博罗

托马斯·庚斯博罗于 1727 年出生于英国梭福克郡东南部的商业都市——索德柏利。

庚斯博罗的童年并没有什么突出之处。他在 9 个兄弟中排行最后，据说他的兄长们个个都拥有丰富的创造力。外号“发明家杰克”的长兄曾设计过许多巧妙的机械，例如会唱歌的笼子，或是会自行摇动的摇椅等等。另一位哥哥汉佛利则偏好发明较为实用的工具，曾设计过利用潮汐的水车、钻头式的锄子，也曾为蒸汽机做过一些重要的改良。童年时代的托玛斯也曾为家族的名声做过些许贡献，据说孩提时代的他曾异常正确地画出了附近梨子园小偷的想象图，让那位小偷随即被捕。

1745 年，庚斯博罗结束习画生涯，在伦敦的哈顿园设立了自己的画室。起初他试图以创作风景画谋生，风景画后来也成为他终其一生最爱的绘画类型。由于曾在伦敦的拍卖会场看过罗伊斯达尔和韦南特斯等17世纪荷兰风景画大师的作品，庚斯博罗曾在绘制风景时摹仿他们的风格。不过风景画存当时被认为是较低下的艺术类型，庚斯博罗不久便认识到靠这类作品吃饭将是一场极为艰苦的恶斗。根据关于庚斯博罗早期的记录，他的风景画都以“令人难以置信的低价”卖给了画商。不过他也利用绘画修复或扩大营业项目，补足了收入的不足。画有一只站在树林前的狗的作品《忧郁的泰瑞尔狗》（1754年）是庚斯博罗标有年代的作品中最早的一幅，在这幅画的后面还记有一段以下的铭文：“最优秀也最聪明的杂种狗。”

晚年的庚斯博罗事业依旧成功，不仅画风的新鲜活力丝毫不减当年，挟名声之势，他得以尝试各种更为自由奔放的实验。为了开拓风景画的新境界，他开始从事写生旅行，其中尤以1782年的西部地方之旅与翌年的湖水地区之旅最为重要。拜这些旅行之赐，他得以孕育出独特的“幻想画”（以感伤的田园生活为题材的系列作品），80年代成为庚斯博罗最受欢迎的时代。

遗憾的是，庚斯博罗并没有长寿到足以坐享这些实验成果的年龄。1785年以后，他患了一种稀有的脑肿瘤，连宫廷御医海拔登医师对他的病也束手无策。随着痛苦与日俱增，觉悟死亡已经迫近的庚斯博罗决定与雷诺兹议和。在两位艺术家终于达成和解时，其中一位已是垂死之身。不出数日，庚斯博罗便于1788年8月2日与世长辞。他被埋葬在丘的教堂墓地里，当时丘不过是泰晤士河旁的一个小村子，现在已经成为伦敦郊区的一部分了。

在同一年，雷诺兹曾在皇家艺术学院一场演讲上对昔日的宿敌作出如下的感人赞辞："由我国人才辈出的状况看来，我们将得以拥有英国画派的光荣称誉，届时，庚斯博罗必定会被后代当成为英国画派打先锋的伟人之一。"

让·安东尼·乌东

让·安东尼·乌东，他是皇家绘画雕刻学院附属学校一个门房工人的儿子，乌东 7 岁时便进入了这所学校学习。可以说乌东从很小的年龄就置身于美术化境之中，而且他逐渐显露的才能引起了老师们的注意。不久他就进入学院学习，在这里他遇到了比加里、勒莫安，在他们的教诲下，乌东年仅 15 岁就因完成习作取得的成绩而获得金质奖章，并由政府资助其继续学习 7 年。乌东在斯罗兹的工作室学习一段时间后，于 1764 年去了他所向往的罗马，这时他创作的《剥皮人体》为他取得了巨大声誉。日后，这件作品成为艺术家、甚至医生也要使用的教科书。

乌东在意大利完成了他的第一批大理石雕像后，1768 年回到法国，1777 年被吸收为院士。乌东与狄德罗和其他启蒙学派以及百科全书派的人接近起来，这对他的天才的发展起到了很好的作用。他的美术观点在启蒙运动思想影响下树立起来。他把自己的创作活动视为对社会的服务，促使法国和其他国家的科学、文化和艺术、社会和政治的杰出代表们大出其名。借此，雕刻家努力提供了他们的社会特性，深刻揭示了他们才能的特点、他们在人类面前的功绩。乌东的艺术，既非罗可可样式，也不属于新古典主义。

乌东艺术的实质是率直的、冷静的写实。其实这正是法兰西伟大艺术的核心和灵魂之所在。乌东的作品还具有姿势的优美自然，肉体的柔和，线条的明净，块面的单纯化等特点。他对对象的表现是谦逊诚实的，但这并没有减弱作者的创意，相反却使对象的个性特色和艺术家的创造精神都得到鲜明体现。他制作技巧的卓越，思想的自由豁达，在 18 世纪的雕刻家中无出其右者。

戈　雅

弗朗西斯科·戈雅的父亲是一个祭坛镀金工匠，母亲出身于破落贵族，他自幼家境贫寒，没有受过正规的学校教育。14岁时一位教士发现了戈雅的绘画天赋，鼓励父亲将他送到马尔蒂尼斯处学画4年。

1763年，戈雅到马德里投靠同乡宫廷画师弗朗西斯科·巴耶乌，两次投考圣费南多皇家美术学院，都没有被录取。1769年，戈雅随一队斗牛士去意大利旅行，参加了帕尔玛美术学院的绘画竞赛并荣获二等奖。

1773年，戈雅回到马德里，与好友弗朗西斯科·巴耶乌的妹妹结婚。在巴耶乌的关照下，戈雅的生活有了改变，他接受了为皇家织造厂绘制第一批葛布兰花毯图样的任务。1780年，戈雅被推选为皇家美术院院士，任宫廷画师，得以研究宫中收

莫 奈

莫奈出生在巴黎一个杂货商人家庭，少年时代在阿佛尔度过，得到风景画家布丹的启蒙教育。布丹的观点——绘画“要特别注意对所描绘对象的第一印象、要注意光”，对他产生深刻影响。

1859 年，莫奈去巴黎学习绘画。在随后几年里，他曾服兵役。1862 年退役后，继续跟随布丹学画。同时，进入巴黎格莱尔画室学习，与同学雷诺阿、西斯莱、巴齐耶成为好友。这群年轻人因对学院派教学法不满，很快离开格莱尔画室，一起到巴比松村附近的枫丹白露森林对景写生。在外光下，大家创作了一批具有巴比松风格的作品。

1874 年，以莫奈为首的几个青年画家在巴黎举办了一场名为“独立的画家、雕塑家和版画家艺术展”的展览。这场展览吸引了大批观众，同时也引来了众多的非议，尤以莫奈的《日出·印象》为甚。有人说它："名为《印象》，实难给人留下任何清晰的印象。"愤怒的评论家甚至断言："连糊墙纸也比那幅画来得精美。"莫奈并没有在意这些嘲讽，而是十分乐意接受关于"印象派"的称谓。"印象主义"的声名由此不胫而走。

莫奈曾结过两次婚，第一任妻子卡缪是他最钟情的模特，《穿和服的女人》、《绿衣女郎》、《撑阳伞的女人》等名作都是以她为原型创作的。可惜，卡缪未到三十岁就去世了。

莫奈虽然杰作甚多，却不被时人理解，卖画收入寥寥无几，一生大部分时间都处在贫困中。两任妻子都先他而去，晚年又深受眼疾之苦，但他还是以坚强的毅力创作了大型装饰画《睡莲》系列，并把它捐献给自己的祖国。1926 年 2 月 6 日，86 岁高龄的艺术大师与世长辞。

作为杰出的印象主义画派大师，莫奈把全部注意力都集中在光与色上，从而找到了最适于表达光、色明度差别变化的形式。他善于从光与色的关系中发现某种变化，将其抽象出来，营造出不同的光影气氛，交织成光与色彩的华丽篇章。

《日出·印象》集中体现了后来印象派画家们所运用到的一些基本绘画风格和特色，是莫奈的成名作，也是印象派的开山之作。《睡莲》组画是莫奈最成熟的代表作之一，不仅对光、色的处理达到高峰，而且技巧纯熟，构图奔放，具有浓郁的诗意和音乐感，是油画中大写意的杰作。

雷 诺 阿

奥古斯特·雷诺阿出生在一个穷裁缝家，5 岁时全家迁居巴黎，13 岁时已掌握在瓷器上作画谋生的本领，同时对艺术产生浓厚兴趣，立志做一名专业画家。他与莫奈曾在同一画室学画而成为挚友，二人经常一起外出写生，切磋画艺，共同探讨画面中对光与色描绘的问题。

1874 年，雷诺阿以油画《包厢》参加首次印象派画展，同时也迎来了自己创作风格的成熟期。他早年为物质所困，1881 年，雷诺阿积攒了一笔旅费进行艺术之旅，游历了意大利的佛罗伦萨、威尼斯、罗马等地，受到拉斐尔、安格尔等古典主义大师的影响。

雷诺阿的早期作品将古典的传统和印象派的绘画风格有机结合在一起，绘制了大量反映真实生活的作品，展现出一种光亮鲜明的色彩。19 世纪 80 年代中期以后，他从印象画派中分离出来，转移到肖像画创作，特别是到妇女的肖像画创作中去发挥自己独特的绘画天才。

阳光、空气、大自然、女人、鲜花和儿童，是雷诺阿一生用丰富华美的色彩所演绎的主题。他笔下的女性多丰满俏丽、妩媚动人，同时又洋溢着健康、青春的气息。雷诺阿一生穷困潦倒，画面却是甜美、明丽的。他曾说过："为什么艺术不能是美的呢？世界上丑恶的事已经够多了。"他的主要作品有《包厢》、《红磨坊的舞会》、《秋千》、《大浴女》、《莎玛丽夫人像》、《游艇上的午餐》等。

从 41 岁起，雷诺阿经常生病。在生命的最后 15 年中，他饱受风湿病的折磨，手脚都变形，几乎离不开轮椅，他得把画笔捆扎在变硬了的手上才能作画。就在这种情况下，他依然坚持画了许多裸女，留下了一种雷诺阿式的温柔与肉感，为画坛增添了些许红艳凝香的暧昧。

1919 年 8 月，雷诺阿的《夏潘蒂耶夫人画像》被卢浮宫收藏，法国艺术界为此隆重地邀请他出席首展仪式。当白发苍苍的雷诺阿坐着轮椅缓缓地进入卢浮宫的殿堂时，所有人都向他鼓掌致敬。4 个月后，他死于肺炎，享年 78 岁。临终前，雷诺阿喃喃自语："我才刚刚有了成功的希望啊……"

塞尚

保罗·塞尚的父亲是个制帽厂主，后来成为银行家，优裕的生活条件使塞尚有机会接受良好的早期教育。上中学时，他遇到了后来的著名文学家左拉并与之结为好友，两人一起学习一起参加学生乐队，他吹铜管，左拉吹长笛。塞尚虽然把左拉视为好友，却没能留住这段友情，成年后他们还是分道扬镳了。

1861 年，塞尚来到巴黎求学，但没能考上巴黎高等美术学校，原因是："虽具有色彩画家的气质，却不幸滥用颜色。"他垂头丧气地回到埃克斯，大为高兴的父亲在自己的银行中为他安排了一个职务，塞尚并未因此而放下画笔，依然热情地画着。1862 年，他再次来到巴黎潜心学画，虽然与莫奈、雷诺阿等印象派画家时常往来，德拉克洛瓦和库尔贝的作品却更为令他欣赏。

1872 年，塞尚到旁瓦兹拜访了毕沙罗，与他一起作画。在毕沙罗的影响下，塞尚开始用印象派的技法画风景画，并于 1874 年参加了印象派的首次画展，却遭到比其他印象派画家更难堪的嘲讽与攻击。失败并没有挫倒塞尚，他逐渐融会贯通了印象派画家们提出的色彩与光线的理论，而放弃了不适合他的德拉克洛瓦式的技法，终于成为开一代画风的艺术大师。

塞尚是后期印象画派的代表人物，毕生追求表现形式，对运用色彩、造型有新的创造，被称为“现代绘画之父”。他认为“线是不存在的，明暗也不存在，只存在色彩之间的对比，物象的体积是从色调准确的相互关系中表现出来的”。

塞尚的作品大都是自己艺术思想的体现，忽略物体的质感及造型的准确性，强调厚重、沉稳的体积感及物体之间的整体关系，有时甚至为了寻求各种关系的和谐而放弃个体的独立和真实性。塞尚这种追求形式美感的艺术方法，为现代绘画艺术开辟了一条全新的道路，恰如毕加索所说：“塞尚是我们大家的父亲。”

亨利·卢梭

亨利·卢梭出生于法国西北部的小城拉瓦尔，逝世于巴黎。他前半生的经历与绘画毫无关联。青年时期曾经在军队服过7年兵役，退役后，卢梭在巴黎海关税务部门供职长达15年。

1885年，卢梭退休后开始接触绘画，他似乎这才突然意识到自己生命的意义，确立绘画是自己最终真正热爱的事业。他充满想象的作品获得了诗人的赞赏及毕加索等前卫画家的推崇。在生命的最后十年，卢梭成为新一代艺术家和批评家心目中的名人，得到广泛推崇。

卢梭最初的作品主要以巴黎风光和肖像为主，但也有一些异国的风景画。在这些风景画中，他把从巴黎动植物园观察得来的各种形象组合成神秘的热带丛林。丛林中隐含着无限的生命，吐露着幻想的芬芳，单纯生动而富有诗意。卢梭极富童真的想象在晚年达到高潮。他以孩童的眼光去观察世界，又以成人的思维去创作作品，这使他的画面具有强烈而鲜明的个性，展现出一个个魅力独具、引人入胜的艺术世界。

卢梭的绝笔画作《梦》描绘了在遍布奇花异木、飞鸟走兽的原始森林里，一位裸体女人躺在华丽的沙发上，画面中间有一个皮肤黝黑的男人吹着长笛。画中每个细节都给人以不真实存在的感觉，却同时让人们觉得它们充满灵性，是存活着的。这幅画通过对纯净无染的自然的歌颂，见证了画家澄明如水的赤子之心。

卢梭的艺术很难归到哪一派，但他的画法属于超现实主义。他似乎总是生活在一个梦幻般的世界，这种与生俱来的爱幻想的天真性格，使他的画具有原始童话般的魅力。他的成功说明，没有经过训练的天才也可以比经过训练的画家更有眼光，甚至可以创作出更富于艺术色彩的作品。

列 宾

1844 年 7 月 24 日，伊里亚·叶菲莫维奇·列宾出生在俄国哈尔科夫省的楚古耶夫镇。父亲是一名屯垦军军官，全家人在屯垦地辛勤劳作，童年的列宾即体会到生活的贫困和艰难。

列宾的绘画才能是被在画坊当学徒的表哥激发出来的，表哥时常给他带回一些纸张、颜料、画笔，随意涂抹中，他逐渐对绘画产生浓厚兴趣。1864 年，列宾考入圣彼得堡皇家美术学院，习画 6 年后，以优异的成绩毕业，并获得了到意大利、法国留学的机会。1876 年回国后，他开始了坚持不懈的创作。

俄国一些具有进步民主思想的写实派画家和雕刻家组成的“巡回展览画派”，主张真实地描绘本国人民的历史、社会、生活和大自然，揭露沙俄专制制度。1878 年，列宾加入该画派，创作了大量现实主义的绘画作品。19 世纪 80 年代以后，他成为巡回展览画派的旗帜。

列宾的画，在揭露专制制度、表现社会各阶层人民生活和人物心理等方面都取得了重要成就。他被公认为俄国画坛批判现实主义的泰斗，成名作《伏尔加河上的纤夫》奠定了俄国19世纪绘画在世界美术史上的地位。

列宾的画作始终跳动着时代的脉搏，他的《意外归来》、《泥泞路上的押送》、《宣传者的被捕》、《拒绝忏悔》等都是以革命者的斗争生活为题材的优秀作品。对俄罗斯历史事件的关注更是激起他创作历史画的强烈欲望，列宾留下了《伊凡雷帝杀子》、《索菲亚公主》以及《扎波罗什人给土耳其苏丹复信》等不朽的历史画作。

列宾还是一位杰出的肖像画家，他为同时代的名人画了一系列出色的肖像，最有代表性的是《托尔斯泰肖像》、《穆索尔斯基肖像》、《斯塔索夫肖像》等。

列宾的作品标志着俄国绘画进入了一个崭新的历史阶段。此外，列宾在改革后的皇家美术学院任教14年，为俄国画坛培养了一批后起之秀。

高　更

保罗·高更出生在巴黎，青年时做过海员、证券经纪人，同时也是一位业余画家。他娶了一位漂亮的丹麦姑娘为妻，家庭和美，过着小康生活。高更在自己绘画天赋的召唤下，35岁时辞去了有稳定收入的证券经纪人工作，专门从事绘画。38岁时与家庭断绝了关系，过着孤独的生活，并通过毕沙罗走进了印象主义画派的天地。

高更在印象派朋友的影响下开始作画，在象征主义、日本版画以及文学等多种因素的影响下形成了自己独特的艺术风格。与繁华热闹的现代社会相比，他更向往简单质朴的原始生活方式，曾两度到塔希提岛居住，并娶当地少女为妻。他把“野蛮人”理想化，认为他们是受本能引导、接近自然的人，是真正创作的源泉。

1888 年，应梵·高的邀请，高更去法国南部小城阿尔与其同住，但由于艺术志趣不同，两人最终不欢而散，再也没有见面。1903 年 5 月 8 日，高更因心脏病突发，猝死在马尔萨斯岛。

高更与梵·高、塞尚并称为“后印象派三杰”，他的创作有印象派的痕迹，又区别于印象派画家。其作品由线条和强烈的色块组成，具有浓厚的主观色彩和装饰效果，有力的色阶形成交替的冷暖色调，使主题产生感人的含义。

我们观赏高更的作品，或许看不到一种与社会存有内在联系的深度，却能感受到生命个体和人类未知领域的神秘。这种绘画特征在被艺术史家命名为象征主义风格的同时，也为高更一生的创作留下了不朽的印记。

《我们从哪里来？我们是谁？我们往哪里去？》就是一幅用象征的语言来表现生命过程的油画巨作，用高更自己的话说是“远远超过以前所有作品”的顶峰之作。他的代表作品还有《雅各与天使的搏斗》、《塔希提少女》等。

梵·高

1853年3月30日，文森特·梵·高出生在一个牧师家庭，自幼性格孤僻且腼腆羞涩，在家里，只有弟弟提奥是唯一理解他的亲人。27岁以前，他做过画店店员、书店店员、传教士；27岁以后，他决心做一名职业画家，以画画为生、立业。1886年2月，梵·高来到艺术之都巴黎，和印象派画家相交往，在色彩方面受到启发和熏陶。在精神上给他以更大影响的则是前辈画家伦勃朗、杜米埃、米勒及日本画家葛饰北斋的“浮世绘”。

梵·高渐渐对巴黎的浮华生活感到厌倦，也不满意印象派的表现手法和创作理念，1888年2月，他带着希望来到法国南部充满阳光的小城阿尔，迎来了自己创作中最辉煌的时期。《向日葵》、《夜晚咖啡馆》、《夜晚露天咖啡馆》等都是这一时期的杰作。

这时的梵·高已患上间歇性精神错乱，1889 年 5 月，他来到离阿尔 25 千米的圣雷米接受精神治疗。这一时期的作品，许多都表现出强烈的情绪和视觉冲击，如《星月夜》、《柏树》等。

1890 年 5 月，梵·高来到距巴黎不远的小镇奥维尔接受加歇医生的治疗，并继续创作。《加歇医生的肖像》、《奥维尔的教堂》、《麦田上的乌鸦》、《麦田》等名作都是这一时期创作的。1890 年 7 月 27 日，敏感而热情的画家放下了画笔，拿起了手枪……两天后，梵·高与世长辞，年仅 37 岁。他留给这个世界的遗言是：“痛苦便是人生。”

在梵·高短暂的艺术人生中，他靠敏锐的知觉和极端的热情，创造出至今观来仍是极富激情的经典画作。尽管他悲剧般的人生归于病态的疯狂，他却用最欢乐的色彩语言描绘了大自然和人类的感情。

梵·高的画作是他天才禀赋的创造，实现了绘画与生命最亲切、最完美的交融。正如他在写给弟弟提奥的信中说的那样：“当我画太阳时，我要让人们感觉到它是在以一种惊人的速度旋转着，正发出威力巨大的光和热的浪；当我画一块麦田时，我希望人们能感觉到麦粒内部的原子正朝着它们最后的成熟和绽开而努力；当我画一棵苹果树时，我希望人们能感觉到苹果里面的果汁正把苹果皮撑开，果核中的种子正在为结出自己的果实而努力。”

罗丹

罗丹生于一个贫穷的基督教家庭。他的父亲是一名警务信使，母亲是穷苦的平民妇女。罗丹从小喜爱美术，其他功课却很糟糕。在姐姐玛丽的支持下，失望的父亲不得不同意把他送进巴黎美术工艺学校。姐姐玛丽靠自己挣得的工钱来供给他食宿费，因此罗丹从小就深深地敬爱他的姐姐。

罗丹 14 岁随荷拉斯·勒考克学画，后又随巴耶学雕塑，并当过加里埃·贝勒斯的助手，去比利时布鲁塞尔创作装饰雕塑 5 年。1875 年游学意大利，深受米开朗基罗作品的启发，从而确立了现实主义的创作手法，他的《青铜时代》、《思想者》、《雨果》、《加莱义民》和《巴尔扎克》等作品都有新的创造，却受到法国学院派的抨击。包含着 186 件雕塑的《地狱之门》的设计，即因当时官方阻挠而未能按计划实现，只完成《思想者》、《吻》、《夏娃》等部分作品。他善于用丰富多样的绘画性手法塑造出神态生动富有力量的艺术形象。生平作了许多速写，别具风格，并有《艺术论》传世。罗丹在欧洲雕塑史上的地位，正如诗人但丁在欧洲上的地位。罗丹和他的两个学生马约尔和布德尔，被誉为欧洲雕刻“三大支柱”。

对于现代人来说，罗丹是旧时期（古典主义时期）的最后一位雕刻家，又是新时期（现代主义时期）最初一位雕刻家。他的一只脚留在古典派的庭院内，另一只脚却已迈过现代派的门坎儿。可以说，罗丹用他在古典主义时期锻炼得成熟而有力的大手，用他不为传统束缚的创造精神，为新时代打开了现代雕塑的大门；当年轻的艺术家们蜂拥而入向前跑去时，他却已入衰迈之年，他走不动了。他的创作对欧洲近代雕塑的发展有较大影响。

罗丹的一生是被人攻击和嘲讽、同时亦为人理解和支持的一生。但他始终以一种宽容正确地面对这一切。罗丹一生攀登，并终于登上米开朗基罗之后的又一高峰。罗丹坚信：“艺术即感情”。他的全部作品都证明了这一观念，都深刻揭示了人类的丰富情感。他开创了一个全新的时代，创作了一种全新的艺术手法。他的作品所体现出的思想和精神魅力，永远带给人以深沉的美，启迪着人们不停地思考。

蒙克

1863年12月12日，爱德华·蒙克出生在一个基督教家庭。5岁那年，母亲因患肺结核去世，父亲悲伤得几天没有走出家门，父亲抑郁的情绪强烈地感染了失去母亲的蒙克，这是他一生中首次感受到死亡的恐怖。13岁那年，长他两岁的姐姐也因肺病去世，接下来妹妹又患了精神分裂症。童年的不幸对蒙克的性格和前半生创作基调都有重要影响。

蒙克早期创作多以疾病和死亡为主题，他常常以激烈的色彩和扭曲的线条来表现一种让人难以理解却又能看得明白的悲惨人生。如《病中的孩子》、《病室里的死亡》、《生命之舞》等作品，每一幅画都强烈地传达着画家的感觉和情绪，被描绘对象的细节被简化，情绪则被夸张，对象本身成为一种所要表现的情绪的载体。在这一切的背后，我们看到的是“世纪末”

的忧虑和恐惧，那种迷途的欲望深渊和无法逃脱的死亡阴影的怪圈、生命的焦躁和无奈交织在一起。蒙克的画是用整个心灵来创作的，素有“心灵的现实主义”之称。

1893 年创作的《呐喊》是蒙克的代表作品之一。在这幅画中，他运用了极端夸张的绘画手法，直接以一个完全变形了的人的形象，通过尖叫的方法，把人类内心深处的那种孤独、痛苦、压抑和苦闷淋漓尽致地表达出来。这幅画的整体形象模糊不清，但具体的人物表情刻画却充满了阴森感，是一种极端的扭曲，让人感到恐惧。“只能是疯子画的”，蒙克在绘画的草图上曾这样写道。

1908 年，蒙克因患精神分裂症住进丹麦哥本哈根的一所疗养院休养。病愈后，回到故乡挪威隐居。此后，他创作了一些淳朴自然的画作，如《扫雪回家》、《工人回家》等，明亮宁静而富有哲理。这就是美术史家所称的蒙克创作第二时期，很显然，他前期的痛苦和挣扎已经被释放净尽了。

康定斯基

瓦西里·康定斯基 1866 年 12 月 4 日出生在莫斯科一个知识分子家庭，从小就受到良好的教育。他早年在莫斯科大学学习法律和经济，1896 年移居慕尼黑后开始拜师学画，作品参加过 1906~1907 年的巴黎秋季沙龙展览。

1909 年，康定斯基发起建立德国表现派社团“慕尼黑新艺术家协会”，并担任首届主席。次年，他完成了自己的第一部关于抽象艺术的重要理论著作《论艺术的精神》，并创作了第一幅抽象作品《即兴创作》。

1917 年，康定斯基回到俄国，十月革命后任莫斯科人民教育委员。由于艺术主张与苏维埃政府提倡的文艺政策不相符合，1921 年画家离开苏联去柏林。1933 年起定居法国塞纳河畔的纳伊，直至去世。

康定斯基的作品多采用印象主义技法，又受野兽派影响，画风充满幻想、幽默的趣味，被公认为抽象主义的鼻祖。他在音乐方面具有深厚的造诣，这使得他的绘画在无形中与乐谱中的音符相联系，富于诗意而充满灵动之感。舞动的线条、流动的结构、自由挥洒的色彩，欣赏他的作品，观者甚至能感觉到画面上音乐的流淌和诗意的律动。

康定斯基的早期作品以音乐标题为主，诸如《乐曲》、《即兴创作》、《构图 2 号》、《粉色音调》等。代表作组画《秋》、《冬》均用抽象的线、色、形的动感、力感、韵律感和节奏感来表述季节的情绪和精神；《黄·红·蓝》中充满了活跃的元素，是一幅让色彩歌唱的"音乐画"，也是一幅可以用眼睛来"听音乐"的油画，此画奠定了康定斯基在 20 世纪画坛的不朽地位。

1921 年以后，康定斯基的创作由自由的、抒情的抽象，转向几何的抽象，代表作有《白色的线》等。在以后的年代，他曾试图把抒情的抽象和几何的抽象有机结合起来，在几何形的结构与造型中，配以光和色，既充满幻想、幽默，也具有神秘色彩。他还著有阐述抽象艺术的理论著作，如《点、线、面》、《论艺术的精神》、《关于形式主义》、《论具体艺术》等。

马蒂斯

1869 年 12 月 31 日，亨利·马蒂斯出生在法国南部小镇勒卡多。中学毕业后，父亲把他送到巴黎学习法律。完成学业后，他回到家乡附近的一家律师事务所做办事员，主要工作是抄写存入档案的资料。在这以前，马蒂斯的生活与绘画一直没什么联系。

1890 年，21 岁的马蒂斯患盲肠炎住进医院。母亲送给他一套画具和一本绘画自学手册，让他作画来打发无聊时光。没料想，马蒂斯的绘画热情一发不可收，偶然的机缘竟成为其一生的转折点。1891 年，他说服父亲，再次来到巴黎学习绘画，先就学于学院派画家布格罗门下，1892 年转入象征主义画家莫罗的画室学习。莫罗曾对马蒂斯说：“在艺术上，你的方法越简单，你的感觉越明显。”这句话引导了马蒂斯的绘画风格，使他一生执着于用简洁的线条和鲜明的色彩塑造出自己所构想的一切。

马蒂斯一生都在进行实验性探索，在色彩上追求一种单纯、原始的稚气，并吸取东方艺术的表现方法，形成富于装饰感的画风。他提出纯粹绘画的主张，用简洁的形状、弯曲的线条和平涂的画面，形成安静宁谧的画面气氛，给人以视觉的享受，他由此获得“颜色与线条游戏家”的美誉。马蒂斯还利用剪纸进一步发展了自己绘画作品中那种装饰风格的优美韵致，他的剪纸富于幻想的情调，创造出一种神话般的如梦似幻的境界。

《红色和谐》是马蒂斯的经典画作，整个画面以纯色为主，没有太多色彩的搭配，却给人以强烈的色彩效果。尽管热烈的红色在画上占据绝对的优势，但冷静的蓝色却仿佛是一个休止符，使画面色彩的情绪回落下来。全画给人以梦幻般清纯、宁静的感受。

1914 年以后，马蒂斯每年都到南方的尼斯港过冬，在一间安静的画室里完成了许多作品，室内的女人及静物是他最喜欢画的题材。马蒂斯晚年一直受肠道疾病折磨，但他从没放弃创作，作品依然充满开朗乐观的精神。1954 年 11 月 3 日，画家与世长辞，享年 85 岁。

彼埃·蒙德里安

彼埃·蒙德里安，1872年生于荷兰中部的阿麦斯福特，父亲是一位清教徒和热衷美术的小学校长，环境条件使蒙德里安从小就能接触美术，而宗教对蒙德里安来说更是对他启发、转变风格的关键。

蒙德里安14岁开始学画，20岁成为当地的一位中学美术教师，开始从事学院派和写实主义创作，后又从印象派、象征派和后印象派中吸取养料。1911年，他在荷兰看到毕加索和布拉克的早期立体主义作品后，次年就赶赴巴黎，开始按立体主义方法作画。最初，他试用最单纯的红、黄、蓝和绿等原色来描绘风景。在以后的年代里，他以抽象的平面，用正面化的手法来表现风景，1914年回到荷兰创立风格派，提倡新造型主义。蒙德里安把新造型主义视为一种手段，通过这种抽象符号把丰富多彩的大自然简化成有一定关系的表现对象。他认为："唯有纯造型才能完成最后的抽象。在造型艺术中，真实性只能通过形式和色彩，有动势的运动的均势才能表现出来，纯手段才是提供达到这一点的最有效的方法。"这一思想使他通过直角，通过把色彩简化为原色，并加上黑和白，成为一种非全等的、对立的均衡。正如他自己所说："我一步步地排除着曲线，直到我的作品最后是由直线和横线完成，形成诸如十字形，各个相互分离和隔开，直线和横线是两相对立力量的表现，这类对立物的平衡到处存在着，控制着一切。"

蒙德里安在 1914 年的画中，曲线已经消失，垂直与水平结构居主导地位。1919 年以后，通过垂直与水平线结构的动势平衡，以及使用原色，完成了他表现宇宙的理想，达到一种人与自然统一的境界。《构图》蒙德里安认为垂直线和平行线组成的几何形体是艺术形式最基本的要素，唯有几何形体才是最合适表现"纯粹实在"，他希望用这些基本要素，最纯粹的色彩，创造出表里平衡，物质与精神平衡。创造这种平衡艺术思想根植于当时的社会现实，通过一次大战，社会普遍处于不安状态，他创造这类宁静平衡的艺术，企图安慰人们不安的心灵。

杜　菲

杜菲，1877 年出生于法国的勒阿弗尔，逝于弗卡尔基埃。

杜菲是位快乐的画家，他愉快地观察、想像和创作，从不放弃感觉世界的真实性，他能通过作品描绘自己内心的活动。杜菲对于描绘对象形体的塑造也非常独特，在他的众多作品里，无论是人物、景物还是静物，大多都没有真实、细致的描绘，往往都是用简单的线条草草勾勒而成，像是仓促而就的速写。这些线条看似简单，实则精彩异常。一点一画之间，并不追求对象的形似，而是将重点放在与对象的神似，强调对节奏和韵律的把握，营造画面整体的氛围和气韵，这一点和东方艺术暗合。这些看似不经意的点点画画，酷似中国的草书带给人的那种行云流水、龙飞凤舞的轻松与潇洒之感。例如杜菲的《交响乐队》，描绘了一个由数十人组成的交响乐队在音乐厅演奏的场景，画中每一个乐手都被简化成了几根卷曲流畅的曲线，五官更是只剩下几个小黑点，音乐厅的墙壁和地板则由几根长长短短的直线构成，可以说几乎简到了极致。然而放眼观看整幅画面，又分明是一派繁忙的景象，点、线、面仿佛突然着了魔力，幻化成一个个跳动的音符，又好像是众多快乐的小精灵，在音乐厅里、在天地间自由地舞动，喜悦之情跃然画上。在许多画家笔下，形和色是互相依附、互相制约的，而在杜菲这里，形与色各自仿佛都有了独立的意义，既相互影响又能够各自自由发挥。

杜菲作画时，一面用速写式的笔法准确地勾勒出场景和人物的动态，一面根据直观的色彩感受用稀薄的颜料在画面上平涂渲染几个大的色彩区域，在杜菲的画面里色和形没有明确的分界线，有的外轮廓线藏在色块里，有的色块又溢出形象之外，色彩与线条交互为用，互相衬托但绝不互相制约。这种独特的创作手法也被一些艺术评论家称为“杜菲样式”。“杜菲样式”给形与色以最大的自由度，使它们既能够充分展现自身的特质，又能够很好地融合到一起。同时，这种表现手法还能够真实地记录下艺术家对描绘对象最生动的形体感受和最新鲜的色彩印象。

杜菲的很多作品看上去好像都处于一种“未完成状态”，画面上的一些区域常常裸露空白的画布，不加任何处理，作品中的物象，看上去也仿佛不是固定的，而似乎仍颤动不定地在寻找它们最后的定型。这种“未完成状态”使得带给观众非常轻松随意的感觉，欣赏者在感受创作者的轻松状态时自己的身心也能得到极大的放松。

对于画面空间透视问题，杜菲处理得更为大胆，他曾把两只鸟画得比人物还大，但人物看起来却并不比鸟离我们更远。换言之，当他在建构他的空间距离时，他所考虑的并非是一种“客观事实”的存在情况，而是他的感觉和印象。他所赋予物象的，是它们在他心中所占据的位置和份量。对于自由的探索和生之喜悦的表达，使得杜菲不会只局限在绘画这一小圈子中。他对于各种知识的涉猎极广，对于来自民间的和异国的各种独特的艺术形式，都怀有近乎虔诚的深切爱好，而对于现实生活中层出不穷的发明创造和新鲜事物更是充满了探究的热忱，这使得他的作品无论在内容上和形式上，都达到了比之同时代画家更为广阔和多样化的程度。

1911 年以后，杜菲绘制了大量的地毯、壁挂、烧制陶瓷器、设计彩色纺织品，为游泳池、动物园、艺术宫等建筑物作壁画和室内装饰，为舞台剧绘制背景，为作家创作插图……，甚至设计流行服装，在应用美术的范畴中几乎无所不包。以致有人把他称为“我们这个世纪的编年史家”。

毕 加 索

1881 年 10 月 25 日，毕加索出生在西班牙的马拉加，父亲是一位美术教师，他从小就显露出非凡的艺术才能，被称为神童。15 岁进入巴塞罗纳美术学校，接着转学到马德里圣费尔南多美术学院就读。

毕加索 19 岁时来到巴黎，受表现主义的影响，这一时期他的绘画对象主要是乞丐、流浪艺人及风华正茂的女孩。1907 年，26 岁的毕加索创作了《亚维农少女》。这幅画标志着他的画风开始转变，成为立体主义的先声，也是一幅对 20 世纪的绘画史产生深远影响的作品。

西班牙内战至纳粹占领时期，最能显示毕加索进步思想的震撼画坛的画作《格尔尼卡》，以其夺人的气势对战争的暴行发出激愤的控诉，是他最富有传奇色彩的反战作品，被誉为

“抗议地球上所有战争的永恒纪念碑”。20 世纪 50 年代，为呼吁和平，毕加索接着创作了石版画《鸽子》和两幅对人类痛恨战争向往和平的具有象征意义的大画《战争》与《和平》。

虽然毕加索被看做立体画派的创始人，但他一生都在追求不断变幻的风格，印象派、后期印象派、野兽派及其他流派的创作手法都曾被他吸取改造为自己独特的风格。他毕生致力于绘画革新，利用西方现代哲学、心理学、自然科学的成果，并汲取民间艺术的营养，创造出非常有表现力的艺术语言；他的极端变形和夸张的艺术手法，在表现畸形的资本主义社会扭曲了的人与人之间的关系方面，具有独到的力量。

尤为难能可贵的是，在各种变异的风格中，毕加索始终保持自己粗犷刚劲的个性，而且在各种手法的运用中，都能达到内部的统一与和谐。他是当代西方最有创造性和影响最深远的艺术家之一，也是一位幸运的艺术家，他活着的时候就享受到自己的作品所带来的丰厚物质利益，并亲眼看到它们被收藏进卢浮宫。

毕加索有过两任明媒正娶的妻子，4 个众所周知的情妇，还有其他许多说不出名的情妇。“我爱的女人无处不在”，他 20 岁时就说过这样的话，他一生也确实是在受着女人的诱惑，得益于女人身体所激发出来的艺术灵感。1973 年 4 月 8 日，毕加索在坎城附近的慕瞻市去世，享年 92 岁。

莫迪里阿尼

1884 年 7 月 12 日，阿米地奥·莫迪里阿尼出生在意大利南方塔什肯尼地区一个富裕的犹太人家庭。14 岁那年，他得了一场大病，就此放下学业。母亲让他学画，他竟极有艺术天赋，画作有塔什肯尼画派色彩明亮的风格。

1906 年，莫迪里阿尼来到巴黎，与毕加索等人同在蒙马特尔居住。说起来令人费解，莫迪住在蒙马特尔时，温和而有礼，生活循规蹈矩，作品则平庸无奇，谁都看不出这位波希米亚式的青年日后会是位大画家。1909 年，他住到蒙帕纳斯以后，一个原先不贪杯的人突然酗酒吸毒，脾气暴躁，常因打架被警察抓去，作品却一下子充满了灵气。用诗人萨尔蒙的话说是，仿佛哪个神光临过他的破画室，唤醒了他埋藏在心中的艺术天分。

1917年，莫迪遇到了自己一生中的真正爱情，小他14岁的少女雅娜走进了他的生活，二人过了一段明朗快乐的日子。他开始减少酒量，但没坚持多久。他为她画的肖像，成为他最受称道的作品。1920年1月，画家开始卧床不起，不停地咳血，他得了结核性脑膜炎。临终前的画家喃喃说着："雅娜和我，山盟海誓，要永远快乐……"第二天，雅娜也纵身跳楼，追随丈夫而去，死时已怀有身孕。后来，他们被合葬在巴黎拉雪兹神父公墓。

1922年，巴黎举办了画家的回顾展，关于他的传奇性传记也于1926年问世。直到那时，莫迪里阿尼才声名鹊起，人们评价他是"堪比梵·高的悲剧性天才"。

在莫迪里阿尼短短的一生中，他只画肖像和人体，肖像画没有背景，人物又往往没有瞳孔，形成了一个独特的莫迪的世界，令人一看就知道是他的作品。莫迪笔下的女性，大都脖颈细长，眼睛空洞疲倦，有时甚至连眼珠都不画，满眼眶只是空茫的蓝色，流露出一种刻骨的厌倦和绝望！

巴塞尔·杜桑

法国画家巴塞尔·杜桑 1887 年出生在一个艺术世家，祖父是画家，兄弟姐妹也是艺术家。杜桑从 15 岁起表现了对绘画的爱好。1904 年去巴黎朱理安美术学院学画。初期主要仿效新印象主义、野兽派和塞尚画风。1911 年起，染指立体主义和未来主义的实验，创作了一幅属于他早期的代表作《下楼梯的裸体女人，第 2 号》（在此以前他画过一些模仿未来派与立体派的“裸女”画，后对此形式表示失望和怀疑，故称“第 2 号”），表现了他对如何在静止的画面上展示连续运动过程的兴趣。

杜桑喜用“现成取材法”来进行创作，如 1913 年他把一个普通自行车的前轮装在一条板凳上；1914 年的《药房》是用一张冬季风景画的商业印刷品，添上两个药瓶的图形。这种

“艺术创作”带有很强的戏谑性质。1915 年他到了纽约。由于新闻界传播，他受到人们的注目。一位诗人和收藏家为他安排了一个画室，让他继续那幅未完成的《被单身汉们剥光了衣服的新娘》。杜桑画了八年多仍未画完，1923 年就此搁笔。1917 年，他把一个尿罐写上了名人的姓名，命名为《泉》。从此，他的“现成画”出了名。后来他更加肆无忌惮在《蒙娜·丽莎》的照片上加两撇胡子，以嘲讽“过去的艺术”。自 1955 年加入美国籍之后，竟过起半隐居的生活来。但美国艺术界一再地掀起杜桑热。

欧 姬 芙

乔治亚·欧姬芙在威斯康辛州长大，曾跟当地著名水彩画家莎拉·曼尔学习绘画。

1908 年，欧姬芙到纽约 291 画廊观赏雕塑家罗丹的水彩画展时，遇到她未来的先生——画廊主人兼摄影家阿尔弗雷德·史蒂格利兹。通过书信，他们逐渐产生感情。1918 年 5 月，欧姬芙接受史蒂格利兹的邀请，于 6 月 10 日搬到纽约。

1924 年，史蒂格利兹与妻子离婚，与欧姬芙结婚。这一年，她开始了著名的花卉系列创作，大幅的花朵内部微观图，以微妙的曲线和渐层色组成神秘又具有生命力的构图。这一系列画作在 1925 年展出时，将欧姬芙推到绘画生涯的第一个高峰。1946 年，史蒂格利兹过世。1949 年，欧姬芙正式移居到新墨西哥州，开始了在荒漠中独居作画的生活。

欧姬芙是美国20世纪最杰出的艺术大师之一。她的画作往往以沙漠、花卉、牛骨为主题，形成半抽象的构图，笔调平滑单纯，背景空旷，给人一种“纯净”的感觉。从不化妆的她，甚至不在画上签名，顶多在画的背面签上名字缩写——OK。

欧姬芙的作品中常充满着同色调的细微变化，组成具有韵律感的构图，某些时候画中物品的外轮廓，竟能让观者感到该物品的轻脆感。明显而大胆的画风、原创性的构图，使她的画作成为美国20世纪艺术的经典代表。

1962年，75岁的欧姬芙视力开始衰退，诊断之后发现得了黄斑点退化症，这种眼病让她逐渐丧失视力和色觉。定居在幽灵牧场的欧姬芙转向立体雕塑创作，并积极治疗自己的眼病。1973年秋天，年轻的陶艺家尚·汉密尔顿到幽灵牧场找工作，欧姬芙雇用他帮忙处理家务，两人很快成为亲密伴侣。

欧姬芙活到99岁，嫁过一个比她大24岁的丈夫，晚年又爱上一个小她近六十岁的男人，曾经是沙漠中的独居旅人，留下了大量优秀的画作。这就是她——一位女画家传奇般的艺术人生。

夏加尔

马克·夏加尔 1887 年 7 月 7 日出生在俄国维台普斯克小镇的一个犹太人家庭。从小受到俄国和犹太丰富的民间、民俗艺术的熏陶，他那个人的童话般的梦幻感觉和诗意般的绘画气息，便是从这些因素中显露出来的。夏加尔 23 岁时到巴黎学画，接受并融会了梵·高、野兽派和立体派的艺术精髓。

1914 年第一次世界大战爆发，夏加尔回到俄国，于 1915 年 7 月 25 日与帕拉结婚。婚后的幸福生活为他的艺术创作带来了奇迹，此时，浪漫的飘飞形象成为夏加尔绘画中一个有趣的话题。《街上空中的恋人》、《拿酒杯的双重肖像》、《生日》等作品，画面上表现出来的那种亲密而恩爱的关系，在不同的场景中以不同姿态的悬浮和飘飞，为夏加尔夫妇之间的柔情蜜意留下了历史的见证。

1922年，夏加尔带着妻子离开家乡重返巴黎，并于1937年取得法国国籍。在种族迫害和世界战争的动荡年代中，其作品中出现了大量悲剧、社会和宗教题材，他画了很多耶稣受难像。1941年，他避开战火到美国，战后又回到法国。此时，夏加尔已经成为西方画坛上一位知名大画家。

夏加尔是现代绘画史上的伟人，是游离于印象派、立体派、抽象表现主义等一切流派的牧歌画家。他的画风老练又不乏稚气，现实与梦幻在神奇的色彩中交融。在他的作品里，那些狂想的、杂乱无章的，甚至让人感觉毫无逻辑的形象，被他搭配在一起后，总能产生一种让人身临其境的美感。

夏加尔的油画作品充满了超现实主义风格，在经典之作《我与村庄》中，“我”与一头大母牛似乎在亲切交谈着。画面充满动荡飘离感，人物、动物以及颠倒的房子、树木等杂乱无章地出现在画面上，牛头叠加了一位妇女挤奶的形象，充满了浪漫抒情的奇异色彩。

迪士尼

华特·迪士尼在全家5个孩子中排行第四，幼年时没有玩具，就在草稿纸上画农场小动物。母亲发现了儿子的绘画天赋，给他买了一本画册，华特便整日临摹，越画越好，他认为自己将来有可能成为一名画家。

1918年，美国卷入第一次世界大战。华特当时才17岁，他将年龄虚报为18岁，参加了红十字会，担任救护车的驾驶员。战事结束后，华特回到芝加哥，到一家报馆求职而遭拒绝，后来在一家电影广告公司找到一份周薪40美元的工作。1922年，华特自筹1 500美元，创办动画片制作公司。他聘请两名推销员向全国推销动画片，不料这两人拿了公司的钱逃之夭夭，使华特陷入困境，不得不宣告公司破产。

1923年夏天，华特来到好莱坞，和哥哥罗伊凑了3 200美元重新创业，成立了“迪士尼兄弟动画制作公司”，这是今天迪士尼娱乐帝国的真正开始。1926 年，他将“迪士尼兄弟公司”改为“华特·迪士尼公司”。

1928 年，华特制作了世界第一部有声动画片《威利汽船》。1930 年，他的米老鼠已成为世界家喻户晓的角色，并因此荣获 1932 年奥斯卡特别奖。1938 年制成有史以来第一部大型动画故事片《白雪公主和七个小矮人》，这部影片一举拿下 8 项奥斯卡大奖。其他名作有《木偶奇遇记》、《灰姑娘》、《爱丽斯漫游仙境》、《睡美人》、《仙履奇缘》 等。

华特·迪士尼从 1954 年开始制作电视片，于 1961 年在电视上成功地获得了良好的视觉颜色效果。1955 年，他把动画片所运用的色彩、刺激、魔幻等表现手法与游乐园的功能相结合，推出了世界上第一个现代意义上的主题公园——洛杉矶迪士尼乐园！1964 年 8 月 29 日，华特推出了真人与动画相结合的电影《欢乐满人间》，创造了他艺术生涯的最高成就。

在生命中的最后六年中，华特·迪士尼并没有因身患肺癌而受到任何影响，反而急于做更多事。1966 年 7 月，华特·迪士尼与妻子共同庆祝了他们结婚 41 周年纪念日，他们儿孙满堂，享受着天伦之乐。同年 12 月 15 日，刚刚度过 65 岁生日的华特·迪士尼病逝。

亨利·摩尔

在现代雕塑家中，迄今为止，还没有一个能超越英国雕塑家亨利·摩尔的国际声誉的。他的名字是第二次世界大战以来最响亮的艺术家名字之一。他之所以赢得世界人民的尊敬，是由于他的艺术紧紧地与现代工业社会的时代气息相连着。

1898 年 07 月 30 日，亨利·摩尔出生于英格兰约克郡西区卡斯尔福德一个多子女的矿工家庭。1909 年入当地的文法学校。第一次世界大战时参了军，1917 年夏天去法国作战，因中毒气而回国治疗，1919 年 02 月退伍。同年，考入里兹艺术学校，获得了皇家美术学院奖金。他于 1921 年 09 月赴伦敦接收严格的古典雕刻训练，两年后，取得学位证书，第三年又当上研究生，开始对古埃及、埃特鲁斯坎、墨西哥和非洲的雕刻产生强烈的兴趣。1923 年初访问巴黎，后又去意大利，深深为中世纪宗教雕刻和文艺复兴时期的古典杰作所吸引。这些丰富的营养，使摩尔始终未曾让自己的艺术背离人文主义的道路。从 1925 年起，他一直在美术学院当教师，直至 1939 年。此后他放弃教职，住在伦敦郊区，从事职业雕塑创作。第二次世界大战期间，他身为战时艺术家，创作并描绘了战时防空洞的许多素描。1948 年，获威尼斯国际雕刻奖。从此，他的雕塑声誉蜚声海内外。

作为当代最著名的雕塑家，亨利·摩尔在晚年又获得了牛津、哈佛、剑桥等大学的名誉学位和英国最高级的功勋勋章。

亨利·摩尔主要的雕塑题材是女体，通常是卧姿，但有时是立姿或坐姿，偶尔还怀抱婴儿，头部特征被减弱以致与身体其他部分具有相同的作用。这种形象显然受到墨西哥古代印第安人石雕的影响，人物被当作一个原型，没有具体的时间和地点，也没有什么特殊的暗示，只是唤起一种崇敬的感情。摩尔所希望的只是观者对那些在任何文化中，哪怕在多么原始的文化中，作为标志的妇女作用的特性表示敬意，如《斜倚的人物》。

50 年代初，亨利·摩尔又作新的探索，人物变得清瘦单薄，如《国王和皇后》，人物的面孔呈扁平状，眼睛是穿透的孔，闪烁着天光，形象保持着个性和帝王的尊严。摩尔还发展了对虚空的利用，在《斜倚的母与子》上，形体内部的虚空具有独立的意义。

1977 年，亨利·摩尔成立了“亨利·摩尔基金会”将全部财产作为该会资金，用来资助青年雕塑家举办展览，并且把他的庄园改建为雕刻公园奉献于世人。1986 年 8 月 31 日，这位声望极高的雕塑家于家中逝世，享年 88 岁。

达利

1904 年 5 月 11 日，萨尔瓦多·达利出生在西班牙的菲格拉斯城。少年时，他在马德里和巴塞罗那学习美术，已显露绘画天才。1919 年，年仅 15 岁的达利在菲格拉斯初次举办个人画展即受到评论家的重视。

1929 年，达利开始运用超现实主义手法绘画。这一年也是他生命中极为重要的一年，他遇到了后来成为自己妻子与经纪人的加拉。加拉原是达利朋友的妻子，两人在一次宴会上一见钟情。因为抢了朋友的妻子，他受到社会的谴责，父亲也与他断绝了关系。然而，比达利年长 10 岁的加拉还是成为他一生中唯一的女人及艺术创作灵感的源泉。据说，《丽达与鹅》中的模特就是加拉。

达利研读了弗洛伊德关于性爱对于潜意识的重要作用的著

作，同时结交了一群才华横溢的巴黎超现实主义者，这群艺术家和作家努力证明人的潜意识是超乎理性之上的“更为重大的现实”。这两件事促使达利的画风日臻成熟。

20 世纪 50~70 年代，达利主要集中在宗教题材的绘画上，但仍探索性爱主题，描绘童年记忆，并让妻子加拉成为这些题材的中心人物。1965 年，他出版了《一个天才的日记》。1989 年 1 月 23 日，一代巨匠达利在菲格拉斯去世，他被安葬在他自己设计和装饰的剧场博物馆内。

达利具有天才的想象力，他的许多作品都是把具体的细节描写任意夸张、变形、省略，并与象征等手段连用，创造了一种介于现实与臆想、具体与抽象间的“超现实境界”。《记忆的永恒》几乎集中体现了超现实主义作品的所有特点：梦幻、古怪、不合情理、没有逻辑，画中“软绵绵的时钟”也成为超现实主义的代名词。

达利是超现实主义画派中影响最大、影响时间最长的一位画家，除了绘画，他的文章、口才、动作、打扮以及胡须，无不在宣扬他的“超现实主义”。无论是在画坛上还是在生活中，达利都是一个惹人注目、标新立异的存在。“我与疯子的唯一区别在于：我不是疯子！”诚然，这个“不是疯子”的天才以他独特的创作实践在人类艺术史上留下了一段不朽的传奇。

波 洛 克

波洛克 1912 年 1 月生于美国怀俄明州的科迪城，出生后 11 个月全家迁往加利福尼亚。1930 年，波洛克到纽约市参加艺术学生联合会，受到墨西哥壁画的影响，他崇拜塞尚和毕加索，对康定斯基那种富于表现性的抽象绘画和米罗那种充满神秘梦幻的作品也情有独钟。在他看来，现代艺术家不应当像传统艺术家那样追求再现，而应该关注内在精神和情感的表达。

1943 年，波洛克开始举办个人画展，在美国和西欧名噪一时。1945~1946 年间，他从纽约迁往郊区长岛，开始行动派绘画创作。波洛克行动绘画的创作过程颇为奇特，他先把画布钉在地板上或墙上，然后随意在画布上泼洒颜料，任其在画布上滴流，创造出纵横交错的抽象线条效果；他有时还用石块、沙子、铁钉和碎玻璃搀和颜料在画布上摩擦。他说自己的创作是潜意识的冲动，“当我画画时，我不知道在画什么，只有以后，我才看到我画了什么。”

波洛克善于用随意的色彩、线条来编织画面，整幅画上都是随意流淌的颜料、纵横流畅的线条，给人以深刻的印象。波洛克认为作画的过程也是一种创作，是一种艺术形式的表现，在绘画过程中的任何自发行为都是艺术行为。只有不受约束、随心所欲地画出自己的激情与灵感，这样才是优秀作品。

波洛克一生都在追求梦想和创造，他生前最大的愿望就是超越他的偶像毕加索。他那富有高度原动力的滴洒画作奠定了他在美国抽象表现主义画派的先锋地位，也让他成为美国历史上最伟大的画家之一。

弗 里 达

弗里达·卡萝是欧洲移民和当地墨西哥人结合的混血儿，从小就有惊人的美貌，黑色的长发，两条长眉毛就像鸟的翅膀，一对迷人的大眼睛，人们都很喜欢这个漂亮、活泼的女孩。不幸的是，6 岁的时候，弗里达患上了小儿麻痹症，这使她的右腿明显瘦弱，而且终身如此。18 岁那年，弗里达遭遇了一起严重的车祸，造成多处骨折，很长时间卧床不能行动。她虽然坚强地活了下来，疾病却成为她生命中的一部分，她一生共经历三十多次手术，其中包括两次流产。她是那种坚毅神情掩盖下的受伤的女人。

车祸后不久，弗里达开始画画，起初是为了打发禁锢在床上的无聊时光，渐渐地，绘画成为她的终生职业。可以说，弗里达的美术作品就是她在医疗过程中的痛苦和斗争的编年史，但创作的源泉仍然是她的天分和热情。

1929 年，22 岁的弗里达嫁给了 42 岁的迭戈·里韦拉。里韦拉也是位艺术大师，是墨西哥壁画“三杰”之一。他们真心相爱，肉体上却互相背叛，双方都是外遇不断，有着众多的情人。他们离婚，又复婚，不过第二次结婚是带着弗里达的约法三章走到一起的，即：“我只负责家庭开支的一半，靠自己的劳动所得来养活自己，我们之间不能有性行为。”

弗里达曾说：“我生命中遭遇过两次巨大的灾难，一次是被车撞了，另一次是我的丈夫。”可见，迭戈·里韦拉对她的伤害之深，不过，他也是一直欣赏她、给予她帮助的人。他建议她穿传统的墨西哥服装，佩戴珍奇的宝石。这配上弗里达那两条几乎连成一线的浓眉，成为她的著名特征。

1953 年，由于软组织坏死，弗里达不得不截去膝盖以下的右腿。这使她极端忧郁，几度自杀。1954 年 7 月 13 日，“折翼的天使”弗里达终于离开了令她感到痛苦的人间。

弗里达将她所有的感情都倾注在画布上，画她暴风雨般的婚姻带来的愤怒和伤害，画痛苦的流产，以及车祸带来的肉体上的痛楚。她描述得最多的是她自己的故事，画得最多的也是她自己。她说：“我画自画像，因为我经常是孤独的，因为我是自己最了解的人。”在这些作品中，弗里达常以墨西哥人的盛装形象出场，周围是她的宠物和家乡那葱翠的植物。

怀　斯

1917 年 7 月 12 日，安德柳·怀斯出生于宾夕法尼亚州的哈兹福德。父亲是个著名的插图画家，对子女的成长起了很大的促进作用，5 个孩子中有 4 个是画家。怀斯是家中最小的孩子，从小体弱多病，没受过正规的学校教育，他的绘画启蒙和艺术教育都来自父亲。从初学水彩画到逐渐全面地掌握绘画技巧，怀斯以其独特的绘画天赋和敏锐的观察力，显露出非同寻常的创作才华。

1937 年，20 岁的怀斯在纽约举办首次个人画展，他画的风景水彩画很快被抢购一空。此后，他的风格基调有所转变，主要从事干笔画和蛋胶粉画创作，并追求更为柔和的色彩和细腻的笔触，整体上给人以油画的厚重感。不幸的是，1945 年的一次车祸中，怀斯同时失去了他一生中最重要的两个人：父亲和两岁的儿子。他自己也险些因为身染肺病而丧生。

《1946 年的冬天》是父亲去世后怀斯创作的第一幅蛋彩画。用他自己的话说是："画中的男孩就是伤心、彷徨的我，伸向空中摇动的手是我自由的灵魂，似乎在摸索什么；山坡的那一边是父亲出事的地方，我那样悲伤以致无法下笔画它，而那山坡最后便代替了他的画像。" 1948 年，怀斯创作了反映 3 年前那场车祸带给自己心灵创伤的成名之作《克丽丝蒂娜的世界》。

怀斯被誉为美国怀乡写实主义绘画大师，他以写实的手法描绘自己熟悉的乡土景物，将视觉经验加以想象组织，从而创造出具有浓厚乡土色彩的怀乡写实画风。他的作品多取材于身边的景致和人物，以其丰富的记忆和联想，将现实生活中的片段，化作一个个令人感动的画面，形成了具有深刻内涵的思考性艺术。

怀斯先后被 3 届美国总统肯尼迪、里根、布什分别授予"总统自由勋章"、"金质总统勋章"和"国会金质章"。

手冢治虫

手冢治虫，1928年11月3日出生于日本大阪府丰能郡。1935年，7岁的他迷上了田河水泡的《野狗》，和电视上的《大力水手》，并开始临摹。1937年，9岁的手冢迷上了天文学、宝冢少女歌剧和迪斯尼卡通影片，1939年11岁手冢因读了平山修次郎着的《原色千种昆虫图谱》，而迷上昆虫采集，所以在本名手冢治的后面加上虫字，并以手冢治虫为笔名，而此时在绘画的天赋早已有展露。

手冢治虫一生所创作的漫画作品高达15万页之多，他在巅峰期间曾同时执笔13部漫画作品连载，由于工作量大，他随时携带稿纸，在旅行途中的飞机上、汽车上也继续作画，他每天只睡不到四小时，有时一天可画50页漫画，速度惊人。他也曾3天3夜毫无睡眠连续画个不停，即使同时创作漫画和制作卡通动画如此地忙碌，也不停歇。他每年仍抽空看300部电影，因为电影是他灵感的泉源。他笑称漫画是他一生的老婆，而卡通是他一生的情人。

在手冢治虫的一生中，有45年的光阴献给了动漫事业。就如他所画的《火鸟》那不死般精神一样，给后世留下了不灭的影响。而报纸、杂志均大篇幅对他的文化价值之贡献给予评价。并有《一亿人的手冢治虫》、《我的手冢治虫》、《手冢治虫的世界》等五十多种专书的追念。

手冢治虫的惊人创作量是所有漫画家望尘莫及的，而且其本人从战争中死里逃生后，就立志不浪费生命，尽情发挥所长以此来贡献给世人。为了建立日本卡通工业梦想，他用画漫画赚来的稿费来支撑，在艰苦环境中成长，中途公司因财务危机而破产3亿日元，他却不退缩并更积极量产更多好的题材漫画，慢慢的，他还清了所有债务，并且继续制作更好卡通动画。可见他除了旺盛的创作热情之外，还拥有凡人无法比的坚强斗志和毅力。

对于手冢治虫的逝世，日本最具代表性的报纸《朝日新闻》发表了如下社论："为什么日本人那么喜欢漫画？凡是到日本来的外国人，似乎都对这个现象感到奇异。这个理由很简单，那是因为别的国家没有手冢治虫。"手冢治虫的诸多作品已经出版那么久了，可是到现在还有很多读者，这是手冢的思想跨越了时代，仍能打动现代人的最佳证明。手冢治虫不仅仅是一个漫画家，还是一位哲学家，燃烧自己的生命，传播自己的思想给世人。手冢的作品里充满了东方的智慧，以及对未来的思索。

手冢治虫的贡献不仅仅是创作了那么多脍炙人口的漫画作品，他还培养和带动了整个一代的漫画创作人才，例如石森章太郎，赤冢不二夫，藤子不二雄。半个世纪以来，日本漫画的繁荣昌盛与他的作用是分不开的。手冢治虫对日本漫画界贡献极大，他的创作在日本漫画界史上具有开创新时代的意义，奠定了漫画及动画的文化地位，所以日本漫画界给了他“漫画之神”的称号，可谓当之无愧！手冢治虫的诸多作品已经出版那么久了，可是到现在还有很多读者，这是手冢的思想跨越了时代，仍能打动现代人的最佳证明。手冢治虫不仅仅是一个漫画家，还是一位哲学家，燃烧自己的生命，传播自己的思想给世人。

沃 霍 尔

安迪·沃霍尔是捷克移民的后裔，他从小酷爱绘画，曾在卡耐基技术学院学习。1949 年，沃霍尔来到纽约，敏感天性和精致手艺使他成为商业设计中的高手。20 世纪 60 年代，沃霍尔开始用波普艺术征服纽约，可口可乐、香蕉、米老鼠、罐头盒等一切日常生活中平常的事物，甚至梦露和其他名人，在他手中都变成了艺术。

沃霍尔是纽约社交界、艺术界大红大紫的明星式艺术家，他的日常生活却极为简单，他和母亲住在一起，陪伴他们的还有一只猫、两个菲律宾女佣。在他家中，没有现代器具，只有路易时期的古典家具和古典油画。每年圣诞节他一定在哈林区的一家教堂为穷人舍粥；每天上午 9 点半，无论在何地，他都要打电话给秘书，口述前一天发生的每件小事，从不间断，从而形成一部详尽的个人传记。

安迪·沃霍尔被誉为20世纪艺术界最有名的人物之一，是波普艺术的倡导者和领袖，也是对波普艺术影响最大的艺术家。他将为世人所熟知的形象符号通过重复、叠加等手段，制造出一种奇特的效果，传达出某种冷漠、空虚、疏离的感觉，表现了当代高度发达的商业文明社会中人们内在的感情。

玛丽莲·梦露的头像是沃霍尔作品中一个最令人关注的母题。在1967年所作的《玛丽莲·梦露》中，画家通过色彩简单、整齐单调的一个个梦露头像，反映出现代商业化社会中的空虚与迷惘。

宫崎骏

宫崎骏，1941 年 1 月 5 日生于东京，在 4 兄弟中排行第二。他们家原本住在东京都文京区，后来二次大战因战时疏散，举家迁往宇都宫市和鹿沼市。住在鹿沼市的伯父经营了一家飞机工厂，宫崎骏的父亲在那间工厂担任主管。宫崎骏的母亲是个严格而聪明的女性，对宫崎一生的影响甚大。宫崎骏的弟弟后来回忆说，他看到《天空之城》中的海盗婆婆不禁想起了自己的母亲，虽然长得完全不像，但是个性神似。

宫崎骏小学一到三年级都在宇都宫市的小学就读，后来他们搬回东京，便转到东京的学校读书。1947 年的时候，宫崎骏的母亲患了结核病，在床上整整躺了 9 年。从《龙猫》这部电影中就可以看到宫崎骏一家的这段灰暗日子的影子。

1958 年，日本影史上第一部长篇彩色电影动画《白蛇传》

上映了，还是高三学生的宫崎骏迷上了这部片子，原本就喜爱漫画的他开始对动画产生兴趣。宫崎骏从前就喜欢涂涂画画一些军舰、飞机之类的东西，不过不太会画人，他也曾立志要当一名漫画家。乃至若干年以后，他仍然充满着崇敬的回忆着："我看到了动画的制作是何其慎重且值得珍惜的事业。"高中毕业之后，宫崎骏进入东京学习院大学就读，主修政治经济学。1963年，宫崎骏从大学毕业，进入东映动画工作。第一部参与制作的作品是东映在同年12月的剧场动画《Wanwan忠臣藏》。紧接著宫崎骏参加了东映首次制作的第一部TV动画——《狼少年ken》。当时，他提出的一些企划常常不被采用，但是宫崎骏还是坚持着他的理想。看了俄国动画片《雪之女王》之后，宫崎骏心中的创作火焰更为旺盛了，他后来这样回忆道："我看到了动画的制作是何其慎重且值得珍惜的事业……动画是一个如此纯粹、素朴，又可让我们贯穿想像力来表现的艺术……它的力量不会输给诗、小说或戏剧等其他艺术形式。"

宫崎骏可以说是日本动画界的一个传奇，可以说没有他的话，日本的动画事业会大大的逊色。他是第一位将动画上升到人文高度的思想者，同时也是日本3代动画家中，承前启后的精神支柱人物。宫崎骏在打破手冢治虫巨人阴影的同时，用自己坚毅的性格和永不妥协的奋斗又为后代动画家做出了榜样。

宫崎骏的动画片是能够和迪斯尼、梦工厂共分天下的一支重要的东方力量。宫崎骏的每部作品，题材虽然不同，但却将梦想、环保、人生、生存这些令人反思的讯息，融合其中。他这份执着，不单令全球人产生共鸣，更受到全世界所重视，连美国动画王国迪斯尼，都要斟介宫崎骏的动画电影发行版权。

曾有人如此评价宫崎骏："夜空中可以没有月亮，但在动画界不能没有宫崎骏。"足可见他在动画界的重要性。

顾恺之

顾恺之，字长康，小字虎头，晋陵无锡（今江苏无锡）人。

顾恺之曾任参军、散骑常侍等职。出身士族，多才艺，工诗词文赋，尤精绘画。擅长肖像、历史人物、道释、禽兽、山水等题材。画人物主张传神，重视点睛，认为“传神写照，正在阿堵（指眼睛）中”。顾恺之的作品无真迹传世。流传至今的《女史箴图》、《洛神赋图》、《列女仁智图》等均为唐宋摹本。顾恺之在绘画理论上也有突出成就，今存有《魏晋胜流画赞》、《论画》、《画云台山记》3篇画论。提出了传神论、以形守神、迁想妙得等观点，主张绘画要表现人物的精神状态和性格特征，重视对所绘对象的体验、观察，通过形象思维即迁想妙得，来把握对象的内在本质，在形似的基础上进而表现人物的情态神思，即以形写神。顾恺之的绘画及其理论上的成就，在中国美术史上占有极其重要的地位。

顾恺之的作品，据唐宋人的记载，除了一些政治上的名人肖像以外，也画有一些佛教的图像，这是当时流行的一部分题材。另外还有飞禽走兽，这种题材和汉代的绘画有联系。他也画了一些神仙的图像，因为那也是当时流行的信仰。而最值得注意的是他画了不少名士们的肖像。这就改变了汉代以宣扬礼教为主的风气，而反映了观察人物的新的方法和艺术表现的新的目的，即：离开礼教和政治而重视人物的言论丰采和才华。这表示绘画艺术视野的扩大；从而为人物画提出了新的要求——表现人的性格和精神特点。在顾恺之的著作言论中，我们见到他反复强调描写人的神情和精神状态。

顾恺之和陆探微、张僧繇是南北朝时期三个最重要的画家，代表了汉代美术得到迅速发展和成熟的人物画艺术。

展子虔

展子虔，隋代杰出画家，渤海（今山东阳信县温店镇郭家楼村）人。他是现在唯一有画迹可考的隋代著名的画家，在中国绘画史上占据着重要位置。

展子虔的绘画题材广泛，手法多变。他不仅善画人物、车马、山水、台阁，而且大都臻于精妙。在着色技巧上，他用青绿设色。他的画法为唐代绘画名家李思训、李昭道父子所宗法。他所画之马，神采飞扬，十分有神，能够抓住马的瞬间神态，表现出整个绰约风姿，达到以形传神，以神带形，形神兼备，惟妙惟肖的艺术境界。

展子虔在中国美术史上影响最大的是山水画，他最善于表现自然山水的深远的空间感，传为他所画的《游春图》是现存古代山水画的重要作品。此图现藏故宫博物院，纵 43 厘米，横 80.5 厘米，绢本，青绿设色，卷前有宋徽宗赵佶手书“展子虔游春图”的题签。在这幅画上，展子虔以圆劲的线条和浓丽的青绿色彩，描绘了在阳春三月、花红树绿、山青水碧的郊野中，贵族、仕女骑马泛舟、踏青赏春的优美景色，是迄今为止所保存的最早的卷轴山水画。在画面的空间处理上，一改过去绘画中的人大于山、水下容泛、树木排列，如同伸臂布指那种比例失调状况，特别是对湖水微波广阔深远的描绘，颇为成功。在表现技法上，此图以墨线勾出山川屋宇的轮廓，然后填敷青绿色彩，并再以深色重加勾勒，树木、人物等则直接用色点出，形体虽小，却生动有致。画面色彩典雅，富于装饰感。

展子虔在山水画上所达到的成就及其绘画方法，直接开启了唐代画家李思训、李昭道父子金碧山水的先河，因而被后世誉为“唐画之祖”。

吴 道 子

吴道子，河南阳翟（今河南省禹州）人，大约生于唐高宗朝（约685年左右），卒于唐肃宗朝（约758年左右），是中国唐代第一大画家，被后世尊称为“画圣”。

吴道子小时候就失去双亲，生活贫困，为了生计向民间画工和雕匠学习，由于他刻苦好学，才华出众，20岁时，就已经很有名气。唐代皇帝把他召入宫中担任宫廷画师，为他改名道玄。成了御用画家的他，没有皇帝的命令，不能擅自作画。这样，一方面对他这样一个平民意识很强的艺术家是一种约束和限制，另一方面，他得到了最优厚的生活条件，不再到处流浪，可以施展自己的艺术才华。

吴道子性格豪爽，喜欢在酒醉时作画。传说他在描绘壁画中佛头顶上的圆光时，不用尺规，挥笔而成。在龙兴寺作画的时候，观看者围得水泄不通。他画画时速度很快，像一阵旋风，一气呵成。当时的都城长安是文化中心，汇集了许多著名的文人和书画家。吴道子经常和这些人在一起，相互促进、提高技艺。

开元十三年（725 年），唐玄宗东封泰山，吴道子陪同前往。事后还至潞州（今山西长治），车驾过金桥，御路“曲折萦转”。玄宗见数千里间“旗鲜洁，羽卫整肃”，心中非常兴奋，对左右侍从说：“张说言‘勒兵三十万，旌旗千里间，陕右上党，至于太原’。真才子也。”左右皆呼万岁。于是召来吴道子、韦无忝、陈闳等，命他们 3 人共同绘制《金桥图》。陈闳主画玄宗真容及所乘照夜白马，韦无忝主画狗马、骡驴、牛羊等动物之类，而桥梁、山水、车舆、人物、草树、雁鸟、器仗、帷幕等主题部分则由吴道子主画。《金桥图》绘成后，“时谓三绝”。

天宝年间（742~755 年），一天唐玄宗忽然想起蜀中嘉陵江山清水秀，妙趣横生，遂命吴道子乘驿传赴嘉陵江去写生。到了嘉陵江，吴道子漫游江上，纵目远眺，此地好山好水，一幕一景地掠过，当时的体会与感受，便深深铭记在心上，并没有绘制一张草图。当吴道子游览了嘉陵江的山山水水之后回到长安，玄宗问他绘画的情况时，他回答说：“臣无粉本，并记在心。”玄宗命他在大同殿壁上绘画。吴道子不是将嘉陵江山水表面罗列一番，而是把握住嘉陵江一山一水、一丘一壑引人入胜的境界，即把这一带的山川壮丽优美与自然特色作了高度的概括，凝神挥笔一日而成，嘉陵江三百里的旖旎风光跃然纸上，玄宗看了啧啧称赞。在此之前，大画家李将军（思训）擅长山水画，也曾在大同殿壁上画嘉陵江山水，虽然画得也十分奇妙，但却“数月方毕”，不如吴道玄画得又快又好。因此，玄宗颇为感慨地说：“李思训数月之功，吴道玄一日之迹，皆极其妙也。”可见吴道子画技高超，笔法娴熟。

吴道子在绘画艺术上之所以取得如此卓然超群的成就，是由于他刻意求新，勇于创作。《历代名画记》记载了他这样两句话：“众皆密于盼际，我则离披其点画，众皆谨于象似，我则脱落其凡俗。”由此可见他在绘画艺术上不落俗套，大胆创新的精神。因此他的作品成为画师们。所学习的楷模，绘画作品称为“吴家样”。故唐人朱景玄在《唐朝名画录·序》中品评了唐朝诸画家“近代画者，但工一物以擅其名，斯即幸矣，惟吴道子天纵其能，独步当世，可齐踪于陆（探微）、顾（恺之）。”

张择端

张择端，字正道，东武（今山东诸城）人。他自幼好学，早年游学汴京（今河南开封），后习绘画。宋徽宗时供职翰林图画院，专工中国画中以界笔、直尺划线的技法，用以表现宫室、楼台、屋宇等题材，尤擅绘舟车、市肆、桥梁、街道、城郭。他的画自成一家，别具一格。

北宋年间的汴京极盛，城内四河流贯，陆路四达，为全国水陆交通中心，商业发达居全国之首，当时人口达一百多万。汴京城中有许多热闹的街市，街市开设有各种店铺，甚至出现了夜市。逢年过节，京城更是热闹非凡。为了表现京城的繁荣昌盛，张择端选择了清明这个重要节日的景象进行表现。《清明上河图》气势恢弘，长 528.7 厘米、宽 24.8 厘米，画有 587 个不同身份的人物，个个形神兼备，并画有 13 种动物、9 种植物，其态无不惟妙惟肖，各种牲畜共56匹，不同车轿二十余辆，大小船只二十余艘。这件现实主义的杰作，是研究北宋东京城市经济及社会生活的宝贵历史资料。

事实上，北京故宫博物院藏本的画卷本幅上，并无画家本人的款印，确认其作者为张择端，是根据画幅后面跋文中金代张著的一段题记。张著的题记也仅寥寥数语："翰林张择端，字正道，东武（今山东诸城）人也。幼读书，游学于京师，后习绘事，本工其界画，尤嗜于舟车市桥郭径，别成家数也。"不过，张择端的姓名并未见于北宋后期成书的《宣和画谱》，有人推测说，可能他进入画院时间较晚，编著者还来不及将其收编书中。

唐 寅

唐寅，生于1470年，明朝苏州人。出身商人家庭，父亲唐广德，母亲邱氏。

唐寅自幼聪明伶俐，二十余岁时家中连遭不幸，父母、妻子、妹妹相继去世，家境衰败，在好友祝允明的规劝下潜心读书。29岁参加应天府公试，得中第一名“解元”。30岁赴京会试，却受考场舞弊案牵连被斥为吏。此后遂绝意进取，以卖画为生。正德九年（1514年），曾应宁王朱宸濠之请赴南昌半年余，后察觉宁王图谋不轨，遂装疯甚至在大街上裸奔才得以脱身而归。晚年生活困顿，54岁即病逝。历史上的唐寅尽管才华出众，有理想抱负，是位天才的画家，但他那愤世嫉俗的狂傲性格不容于这个社会。他一生坎坷，最后潦倒而死，年仅54岁。他临终时写的绝笔诗就表露了他刻骨铭心的留恋人间而又愤恨厌世的复杂心情："生在阳间有散场，死归地府又何妨。阳间地府俱相似，只当飘流在异乡。"

唐寅早期绘画，"远攻李唐"、"近交沈周"。早期拜吴门画派创始人沈周为师。沈周和周臣都是当时苏州名画家，沈以元人画为宗，周则以南宋院画为师，这是明代两大画派，唐寅虽师周臣，却有胜蓝之誉。唐寅兼其所长，在南宋风格中融元人笔法，一时突飞猛进，以至超越老师周臣，名声大振。唐寅画得最多也最有成就的是山水画。唐寅足迹遍名川大山，胸中充满千山万壑，这使其诗画具有吴地诗画家所无的雄浑之气，并化浑厚为潇洒。他的山水画大多表现雄伟险峻的重山复岭，楼阁溪桥，四时朝暮的江山胜景，有的描写亭榭园林，文人逸士优闲的生活。山水人物画，大幅气势磅礴，小幅清隽潇洒，题材面貌丰富多样。由于唐寅作画很少在画上注明年份，且他的画风变化也不是很有规律，所以很难推测他作画的时间，也就难以按照时间来划分他的画风变化进程。唐寅在拜周臣为师后，主要是宗南宋院体，但其画有时也有与沈、文画风相近的作品，如《南游图》，是唐寅 36 岁时当琴士杨季静离开苏州时赠送给他的。

唐寅擅长写意花鸟，活泼洒脱、生趣盎然而又富于真实感。传说唐寅所作的《鸦阵图》挂在家中，有一天有数千只乌鸦纵横盘旋在屋顶，恍若酣战，堪称奇绝。唐寅花鸟画的代表作是《枯槎鸲鹆图》。其构图用折枝法，枯木枝干由右下方弯曲多姿地向上伸展，以枯笔浓墨画之，苍老挺拔。以积墨法画一只栖于枝头的八哥，正引吭高鸣，树枝似乎都在应节微动，从而显现出自然界生命律动的和谐美。秃笔点叶，一两条细藤与数笔野竹同枯树上的老叶画在一起，增添了空山雨后幽旷恬静与清新的气氛。右上角题诗为：“山空寂静人声绝，栖鸟数声春雨馀。”诗画映发，对象的神态和画家的情趣融为一体，寄寓了超凡脱俗的思想。这幅画在画法上属小写意，一路运腕灵便，以书法入画，以写代描，笔力雄强，造型优美，全画笔墨疏简精当，行笔挺秀洒脱，形象饶有韵度，从中可以窥见唐寅在探讨写意技法和开拓花鸟画新境界方面的卓越建树。

从唐寅画的风格看，画风构图简洁清朗，用笔多为细劲中锋，犹如游丝描，纤而不弱，力而有韵，具有刚柔相济之美。山石的皴法丰富，多有短砍、长皴、顺笔、逆毫、方折、圆转等笔墨。林木、房舍、溪流等景物，穿插有序，密而不窒，杂而不乱，极富韵律和文人画秀润空灵的美感。墨色淋漓，又富浓淡变化。唐寅的山水画之所以有这样大的艺术成就，一方面是由于他能打破门户之见，无论北方画派、江南画派，还是南宋的院体及元代文人山水画，近及沈周和周臣等名画师，他都认真学习，博采众长，革新创造，最后形成自己的画风。另一方面，是他对自然山川有着亲身的体察和真实感受，从取之不尽、用之不竭的真山真水中汲取营养，从而对他的山水画创作起着重要的滋养作用。他的作品气魄雄伟壮阔，造型严谨准确，笔墨精湛高深，都超过了同时代的一些画家。

唐寅书画的贡献，还表现在其他方面，比如深化了文人画的题材内容，促进了山水、人物、仕女、花鸟各科的全面发展，加强文人画自我表现意识等，都给后世造成深远影响。

八大山人

八大山人，1626年生，原名朱耷，又名朱道朗，号良月，八大山人是他晚年的文号。他是明太祖朱元璋第十六子宁王朱权的后裔。宁王改封南昌后，历代子孙世居南昌等地，共分八支，八大山人是弋阳王七世孙。其祖父朱多是一位诗人兼画家，山水画风多宗法二米，颇有名气。父亲朱谋觐，也擅长山水花鸟，名噪江右，可惜中年患暗疾去世，叔父朱谋，也是一位画家，著有《画史会要》。八大山人生长在宗室家庭，从小受到父辈的艺术陶冶，加之聪明好学，8岁时便能作诗，11岁能画青山绿水，小时候还能悬腕写米家小楷。少年时曾参加乡里考试，录为生员。

崇祯十七年（1644年），明朝灭亡，满洲贵州贵族人关统治全国。八大山人那时19岁，不久父亲去世，内心极度忧郁、悲愤，他便假装聋哑，隐姓埋名遁迹空门，潜居山野，以保存自己。八大山人的画幅上常常可以看到一种奇特的签押，仿佛象一鹤形符号，其实是以“三月十九”四字组成，借以寄托怀念故国的深情（甲申三月十九日是明朝灭亡的日子）。

60岁时开始用“八大山人”署名题诗作画，他在署款时，常把“八大山人”四字连缀起来，仿佛象“哭之”、“笑之”字样，以寄托他哭笑皆非的痛苦心情。其弟朱道明，字秋月，也是一位画家，风格与乃兄相近，而且还要粗犷豪放。他的书画署名为牛石慧，把这三个字草书连写起来，很象“生不拜君”四字，表示了对满清王朝誓不屈服的心情。他们两兄弟署名的开头，把个朱字拆开，一个用“牛”字，一个用“八”字。这样隐姓埋名，可谓用心良苦。

八大山人以绘画为中心，对于书法、诗跋、篆刻也都有很高的造诣。在绘画上他以大笔水墨写意画著称，并善于泼墨，尤以花鸟画称美于世。

在创作上八大山人取法自然，笔墨简练，大气磅礴，独具新意，创造了高旷纵横的风格。三百年来，凡大笔写意画派都或多或少受了他的影响。清代张庚评他的画达到了“拙规矩于方圆，鄙精研于彩绘”的境界。他作画主张“省”，有时满幅大纸只画一鸟或一石，寥寥数笔，神情毕具。

他的山水画多为水墨，宗法董其昌，兼取黄公望，倪瓒、他用董其昌的笔法来画山水，却绝无秀逸平和，明洁幽雅的格调，而是枯索冷寂，满目凄凉，于荒寂境界中透出雄健简朴之气，反映了他孤愤的心境和坚毅的个性。他的用墨不同于董其昌，董其昌淡毫而得滋润明洁，八大山人干擦而能滋润明洁。所以在画上同是“奔放”，八大山人与别人放得不一样，同是“滋润”，八大山人与别人润得不一样。一个画家，在艺术上的表现，能够既不同于前人，又于时人所不及。他的花鸟画成就特别突出，也最有个性。其画大多缘物抒情，用象征手法表达寓意，将物象人格化，寄托自己的感情。

清初画坛在革新与保守的对峙中，八大山人是革新派“四大画僧”中起了突出作用的一人。

任伯年

任伯年生于1840年，浙江山阴航坞山人，是我国近代杰出画家，在“四任”之中成就最为突出，是海上画派中的佼佼者，他的杰出艺术成就受到世人瞩目。

任伯年精于写像，是一位杰出的肖像画家。人物画早年师法萧云从、陈洪绶、费晓楼、任熊等人。工细的仕女画近费晓楼，夸张奇伟的人物画法陈洪绶，装饰性强的街头描则学自任薰，后练习铅笔速写，变得较为奔逸，晚年吸收华（岩）笔意，更加简逸灵活。传神作品如《三友图》、《沙馥小像》、《仲英小像》等，可谓神形毕露。

19世纪80年代是任伯年创作的鼎盛时期，创作题材上范围扩大了，具有深刻的社会内容，用隐晦的手段寄寓深情。90年代，数量很多，但从作品的思想性看似乎没有超出80年代，但艺术手法上则更加熟练，大胆、概括，特别是花鸟画，达到“炉火纯青”的佳境。

任伯年重视继承传统，融汇诸家之长，结合中国画传统画法，民间画法和西洋画速写，彩色法。确立了独自的画风。擅花鸟画，钩勒，点簇，泼墨交施互用，赋色鲜活明丽，形象生动活泼，别具风格。

任伯年经过二十多年的绘画创作，留下了数以千计的遗作，是历史上少见的多产作家。

齐白石

齐白石，20世纪十大画家之一，1864年1月1日出生于湘潭县白石铺杏子坞，1957年9月16日病逝于北京，终年93岁。

齐白石于1888年起始学画，24岁的他还是个雕花木匠，叫齐纯芝，人称“芝木匠”。齐白石住所的附近有位会琴棋书画、诗词歌赋又喜结交朋友的秀才胡沁园先生，从齐白石的一举一动中看到了他天赋才气过人，且有刚直不阿的品格，认为他是个非凡之人，若有名师栽培，定会前途无量。于是，胡沁园决定将他收为门生。齐白石全家7口，4代同堂，全靠他维持家庭生活。每当想到贫寒的家境，齐白石总是彻夜难眠。胡沁园看透了他的心事，说：“把画学好了，还怕没饭吃！常言道：书中自有黄金屋。你有了这支笔，什么都可以改变。”齐白石决心按照恩师的指点，走卖画养家之路。在胡沁园的引荐下，齐白石为一位七十多岁的长者云山居士画像。傍晚时分，一张高三尺多、宽两尺多的巨幅画像完工了，大家称赞他画得传神。此后，请齐白石画像的越来越多了。每画一张像，人家就送他一二两银子。齐白石家庭生活有了转机。

齐白石专长花鸟，笔酣墨饱，力健有锋；但画虫则一丝不苟，极为精细；他还推崇徐渭、朱耷、石涛、金农，尤工虾蟹、蝉、蝶、鱼、鸟、水墨淋漓，洋溢着自然界生气勃勃的气息；山水构图奇异不落旧蹊，极富创造精神；篆刻独出手眼；书法卓然不群，蔚为大家。齐白石的画，反对不切实际的空想，他经常注意花、鸟、虫、鱼的特点，揣摩它们的精神。他曾说：为万虫写照，为百鸟张神，要自己画出自己的面目。

齐白石一生创作勤奋，作画极多，一天不画画心慌，五天不刻印手痒，创作多得惊人，好得出奇，仅 1953 年一年，其大小作品就有 600 多幅。

1922 年，陈师曾把齐白石的画介绍到东京，参加中日联合会绘画展览会，结果大受欢迎，全部以高价卖出，但当时在国内他的画作价却很低。20 年代，齐白石得到徐悲鸿的提携，作品逐渐被收藏家所认识，价格稳步提高。

现在，国内一级市场已难见到齐白石作品进行公开出售，书画商店见到他的真迹自会以高价收购，而标价出售则极少能见到。

在中国香港，每年固定拍卖齐白石作品，他是作品被拍卖最多的现代画家。

黄宾虹

在我国近现代绘画史上，有“南黄北齐”之说。“北齐”指的是居住在北京的花鸟画巨匠齐白石，而“南黄”说的就是安徽的山水画大师黄宾虹。他擅长山水、花卉，并注重写生，但成名相对较晚。

黄宾虹，生于 1865 年 1 月 27 日，幼喜绘画，课余之暇，兼习篆刻。1904 年，在芜湖安徽公学任教。翌年，在歙县新安中学堂教书。曾执教于新华艺专、昌明艺专、上海美专，并任暨南大学中国画研究会导师。1937 年，应北平古物陈列所和北平艺专之聘，移居北平，担任教授。抗战爆发，北平沦陷，遂杜门谢客，埋头创作和著述。解放后历任中央美院华东分院（前身为国立艺专）国画教授、中央美术学院国画研究所（后改民族美术研究所）所长、第二届全国政协委员、中国美术家协会理事、华东美术家协会副主席。

黄宾虹是现代杰出的山水画大家，50岁之前，致力于学习传统画法。50~70岁，深入名山大川，纵游大江南北，游山写景，旅行纪游画稿当以万计；70岁以后，形成独特风格。黄宾虹在山水画创作上，最大的成就是用墨，有“黑、密、厚、重”的显著特色。画山水之余，也画花鸟，别具风味，可谓“简、淡、拙、健”，三笔五笔不假雕琢，纯任自然。人谓其山水为“密体”，花鸟为“疏体”。黄宾虹在书画实践同时，注重教学和画论、画史的研究，以其丰富的艺术实践和渊博的学识，形成独特的艺术观和教学方法。其作品遍布全世界，英、美、瑞典、日本等国博物馆、美术馆均有收藏。其述著宏丰，与邓实合编《美术丛书》20巨册。著有《黄山画家源流考》、《中国画学史大纲》、《古画微》、《虹庐画谈》、《画法要指》、《宾虹草堂藏印》、《宾虹诗抄》等。另有辑本《黄宾虹画语录》。

黄宾虹的绘画价值，随着时间的推移，其效应已显示出来，而其艺术价值的显现，又是全方位的。除其山水画外，花鸟画也境界不凡，书法成就更不能等闲视之；他还有着自己的画学理论建构；其金石篆刻、文字学、考古学也颇有建树。黄宾虹的确是一位“不能仅以画史目之”的学者型艺术家。由于黄宾虹在美术史上的突出贡献，在他90岁寿辰的时候，被国家授予“中国人民优秀的画家”荣誉称号。其著作有：《黄山画家源流考》、《虹庐画谈》、《古画微》、《画学编》、《金石书画编》、《画法要旨》等，与邓实合辑《美术丛书》并有辑本《黄宾虹画语录》。

徐悲鸿

徐悲鸿，1895 年 7 月 19 日生于中国江苏宜兴屺亭桥。中国现代美术事业的奠基者，杰出的画家和美术教育家。

徐悲鸿 9 岁起正式从父习画，每日午饭后临摹晚清名家吴友如的画作一幅，并且学习调色、设色等绘画技能。10 岁时，已能帮父亲在画面的次要部分填彩敷色，还能为乡里人写“时和世泰，人寿年丰”等春联。13 岁随父辗转于乡村镇里，卖画为生，接济家用。背井离乡的日子虽然艰苦，却丰富了徐悲鸿的阅历，开拓了其艺术视野。17 岁时，徐悲鸿独自到当时商业最发达的上海卖画谋生，并想借机学习西方绘画，但数月后却因父亲病重而不得不返回老家。志向高远的徐悲鸿在 20 岁时再度来到上海，开始了新的人生起步。在友人的扶助下，他考入法国天主教会主办的震旦大学，为日后的赴法留学打下了一定的法语基础。其间认识了著名的油画家周湘、岭南画派的代表人物高奇峰、高剑父，在画作上得到了他们的赞许和指点，增强了绘画创作的信心。他还结识了维新派领袖康有为，在其影响下确立了自己的创作思路。在康氏"鄙薄四王，推崇宋法"的艺术观念影响下，他对只重笔墨不求新意的"四王"加以贬薄，认为只有唐代吴道子、阎立本、李思训，五代黄筌，北宋李成、范宽等人的写实绘画才具精深之妙。在康有为的支持下，他观摩各种名碑古拓，潜心临摹《经石峪》、《爨龙颜碑》、《张猛龙碑》、《石门铭》等，深得北碑真髓，书法得以长进。后获得赴日本东京研究美术的资助，在日本，徐悲鸿饱览了公私收藏的大量珍品佳作，深切地感受到日本画家能够会心于造物，在创作上写实求真，但在创作上缺少中国文人画的笔情墨韵，无蕴藉朴茂之风。

在北洋政府的资助下，24 岁的徐悲鸿到法国学习绘画。他每日乐此不疲地进行西洋画的基本功训练，上午在巴黎美术学校学习，下午去叙里昂研究所画模特儿，有时还抽空去观摩各种展览会。此期间他有幸结识了著名画家柯罗的弟子艺术大师达仰，每星期日携画到达仰画室求教。达仰"勿慕时尚，毋甘小就"及注重默画的艺术思想对他影响较大，使得他没有追随当时法国日渐兴盛的现代派画风，而是踏踏实实地钻研欧洲文艺复兴以来的学院派艺术，在继承古典艺术严谨完美的造型特点的同时，掌握了娴熟的绘画技巧。留学 4 年之后，徐悲鸿的绘画水平已达到可与欧洲同时期的艺术家相媲美的地步，其油画作品《老妇》入选法国国家美术展览会（沙龙）。

徐悲鸿的作品，在中国近现代艺术史上占有重要地位，显示了极高的艺术技巧和广搏的艺术修养，是古为今用、洋为中用的典范，在我国美术史上起到了承前启后、继往开来的巨大作用。他擅长素描、油画、中国画。他把西方艺术手法融入到中国画中，创造了新颖而独特的风格。他的素描和油画则渗入了中国画的笔墨韵味。他的创作题材广泛，山水、花鸟、走兽、人物、历史、神话，无不落笔有神，栩栩如生。他的代表作油画《田横五百士》、《徯我后》、中国画《九方皋》、《愚公移山》等巨幅作品，充满了爱国主义情怀和对劳动人民的同情，表现了人民群众坚韧不拔的毅力和威武不屈的精神，表达了对民族危亡的忧愤和对光明解放的向往。

徐悲鸿常画的奔马、雄狮、晨鸡等，给人以生机和力量，表现了令人振奋的积极精神。尤其他的奔马，更是驰誉世界，几近成了现代中国画的象征和标志。

潘天寿

潘天寿，生于1897年，早年名天授，字大颐，号寿者，又号雷婆头峰寿者。浙江宁海人。浙江省立第一师范学校毕业。曾任上海美专、新华艺专教授。1928年到国立艺术院任国画主任教授；1945年任国立艺专校长；1959年任浙江美术学院院长。他对继承和发展民族绘画充满信心与毅力。为捍卫传统绘画的独立性竭尽全力，奋斗一生，并且形成一整套中国画教学的体系，影响全国。

潘天寿绘画题材包括鹰、荷、松、四君子、山水、人物等，每作必有奇局，结构险中求平衡，形能精简而意远；勾石方长起菱角；墨韵浓、重、焦、淡相渗叠，线条中显出用笔凝炼和沉健。他精于写意花鸟和山水，偶作人物。尤善画鹰、八哥、蔬果及松、梅等。落笔大胆，点染细心。墨彩纵横交错，构图清新苍秀，气势磅礴，趣韵无穷。画面灵动，引人入胜。

潘天寿的指画也可谓别具一格，成就极为突出。这类作品，数量大，气魄大，如指墨花卉《晴霞》、《朱荷》、《新放》等，画的均为“映日荷花”，以泼墨指染，以掌抹作荷叶，以指尖勾线，生动之气韵，非笔力所能达。潘天寿作画时，每画一笔，都要精心推敲，一丝不苟。他在“有常必有变”的思想指导下，取诸家之长，成自家之体，他的画材为平凡题材，但经他入手的画，却能产生出不平凡的艺术感染力。如他的《小龙湫一角》特别是把画面主体小龙湫压到边角的构图，含蓄地让观者先看灵岩的磅礴山势，烂漫的山花然后再去欣赏那支龙湫水，这种方法，正与那些使画面“一览无余”形成对照，不仅显示了画家出奇制胜的构图才能，也表述了画家对平凡事物的内在感情。

潘天寿艺术的可贵之处，主要在于他具有大胆的创造精神，他常说，“荒山乱石，幽草闲花，虽无特殊平凡之同，慧心妙手者得之尽成极品。”他的书法功力也很深，早年学钟、颜，后又撷取魏、晋碑中精华以及古篆汉隶，还能诗、善治印。平时作画，对诗文、题跋、用印方面，非常认真、讲究，绝不马虎。他对画史、画理也研究有素，著有《中国绘画史》、《顾恺之》，《听天阁诗存》、《治印丝谈》。

1984年，文化部主办“二十世纪五大画家（吴昌硕、齐白石、潘天寿、陈之佛、傅抱石）巡回展”，先后在巴黎、伦敦、纽约等海外五大城市展出，好评如潮，轰动世界。同年，潘天寿家属子女向文化部捐献潘天寿书画作品120件，实现了潘天寿“我的画将来要捐献给国家”的心愿。

丰子恺

丰子恺，1898 年生，曾用名丰润、丰仁、婴行，号子恺，字仁。浙江崇德人。我国现代画家、散文家、美术教育家、音乐教育家、漫画家和翻译家，是一位卓有成就的文艺大师。他的文章风格雍容恬静，漫画多以儿童作为题材，幽默风趣，反映社会现象。

丰子恺自幼爱好美术，1914 年入省立第一师范学校，从李叔同学习绘画和音乐；1918 年，李叔同在杭州虎跑寺出家，对他的思想影响甚大；1917 年，与同学组织桐荫画会；1919 年师范学校毕业后，与同学数人在上海创办上海专科师范学校，并任图画教师；1921 年东渡日本短期考察，学习绘画、音乐和外语；1922 年回国到浙江上虞春辉中学教授图画和音乐，与朱自清、朱光潜等人结为好友。丰子恺回国后从事美术、音乐教学，曾任上海开明书店编辑、上海大学、复旦大学、浙江大学美术教授，同时进行绘画、文学创作和文学、艺术方面的编译工作。1924 年，他与友人创办立达学园。抗战期间，辗转于西南各地，在一些大专院校执教。文艺刊物《我们的七月》4 月号首次发表了他的画作《人散后，一钩新月天如水》。其后，他的画在《文学周报》上陆续发表，并冠以“漫画”的题头。自此中国才开始有“漫画”这一名称。1925，立达学会成立了，参加者有茅盾、陈望道、叶圣陶、郑振铎、胡愈之等人。1926 年，任教职于上海艺术大学。1929 年被开明书店聘为编辑。1931 年，他的第一本散文集《缘缘堂随笔》由开明书店出版。七七事变后，率全家逃难。1937 年编成《漫画日本侵华史》出版。1939 年任浙江大学讲师、副教授。1942 年任重庆国立艺专教授兼教务主任。1943 年起结束教学生涯，专门从事绘画和写作。陆续译著出版《音乐的常识》、《音乐入门》、《近世十大音乐家》、《孩子们的音乐》等面向中小学生和普通音乐爱好者的通俗读物，为现代音乐知识的普及作了许多有益的工作。1946 年返上海。出版画册《子恺漫画选》。1952 年后历任上海文史馆馆员、中国美术家协会上海分会副主席、中国美术家协会常务理事、上海市对外文化协会副会长、上海市文联副主席、全国政协委员等职。中华人民共和国成立后任上海中国画院院长、中国美术家协会上海分会主席，上海文学艺术界联合会副主席等。工绘画、书法，亦擅散文创作及文学翻译。

在丰子恺的作品，往往是寥寥几笔，就勾画出一个意境，比如《人散后，一钩新月天如水》，几个茶杯，一卷帘栊，便是十分心情。丰子恺许多漫画，都是以儿童作为题材的，例如《阿宝赤膊》，《你给我削瓜，我给你打扇》和《会议》等等。

林风眠

林风眠的作品总有一种淡淡的哀怨和孤寂，而正是这种哀怨和孤寂使他的作品具有一种审美情趣的悲剧美。这与画家本人颠簸曲折的一生有关。

林风眠是广东梅县人，原名凤鸣，出生于1900年。早年赴法国勤工俭学，先在第戎美术学院，后又来到巴黎高等美术学院学习绘画。20年代，年仅25岁的林风眠出任国立北平艺专的校长。1928年又在杭州创办国立艺术院，出任校长。抗战期间，林风眠辗转西南，生活清苦，每天面壁作画，极力试图打破传统绘画程式。1950年林风眠辞去杭州中央美术学院华东分院教授之职，迁居上海南昌路的一幢法国式的二层楼房里，专门从事绘画求索。不久，法籍妻子携女离国，他孑然一身，过起略似重庆大佛般的生活。除了美协组织他到农村、山区、渔场深入生活外，他就闭门作画，每天子时一过，邻居便能看到林风眠画室里的亮光。十几个春秋过去，艺坛几乎忘记了林风眠，然而这正是他的艺术黄金时代，“林风眠格体”在寂寞耕耘中臻于炉火纯青。50 年代，他的艺术更受到贬抑，生活拮据，每月只得上交两幅画以换取一点儿生活费。80 年代，在其晚年又在香港过着隐居般的生活。老人的头发几乎全部脱落了，人老了但艺术却不老，他的画色彩更热烈、笔墨更放纵、韵味更醇厚。

林风眠擅长描写仕女人物、京剧人物、渔村风情和女性人体以及各类静物画和有房子的风景画。从作品内容上看有一种悲凉、孤寂、空旷、抒情的风格；从形式上看一是正方构图，二是无标题，他的画特点鲜明，观者一望即知。他试图努力打破中西艺术界限，造就一种共通的艺术语言。他无愧是一位富于创新意义的艺术大师，对许多后辈画家产生过极深远的影响。

张 大 千

张大千是具有世界影响的中国画大师。他在创作上的卓越成就，与他的渊博的学术修养，深厚的生活积累以及他广结师友，裁长补短密不可分。除绘画外，他对诗词、古文、戏剧、音乐以及书法、篆刻，无不涉猎。

张大千，名爰，又名季，季蝯，字大千，别号大千居士，或迳署“蜀人张大千”。生于1901年，卒于1984年，四川内江人。张大千幼年受擅长绘画的母亲和以画虎著称，自号“虎痴”的二哥张善子的熏陶指引，并从名师曾农髯、李梅庵学诗文、书法和绘画。除临摹历代名迹外，又遍游名山大川，以造化为师，经过刻苦钻研，获得了卓越的艺术成就。青年时代，即与二哥张善子齐名。

二十多岁，张大千曾赴日本留学，学过染织。回国后，一度迷于佛学，曾去宁波天童寺“皈依佛门”，想当和尚。据说，他怕在头上烫9个香记，只好拜别了师傅弘筏大和尚，回到现实世界来。1932年举家移居苏州网狮园，潜心作画；1940年后用了两年半的时间，对于我国敦煌洞窟，逐个整理编号，进行临摹，丰富了绘画技法；1948年迁居香港，后又旅居印度、法国、巴西等国；1978年定居台湾；1984年4月病逝台湾，享年84岁。现在他生前台湾居住的“摩耶精舍”建为“张大千纪念馆”。

张大千是天才型画家，其创作达“包众体之长，兼南北二宗之富丽”，集文人画、作家画、宫廷画和民间艺术为一体。于中国画人物、山水、花鸟、鱼虫、走兽，工笔、无所不能，无一不精。诗文真率豪放，书法劲拔飘逸，外柔内刚，独具风采。

张大千的画风，在早、中年时期主要以临古仿古居多，花费了一生大部的时间和心力，从清朝一直上溯到隋唐，逐一研究他们的作品，从临摹到仿作，进而到伪作。先后曾经数度改变，晚年时历经探索，在57岁时自创泼彩画法，是在继承唐代王洽的泼墨画法的基础上，揉入西欧绘画的色光关系，而发展出来的一种山水画笔墨技法。可贵之处，是技法的变化始终能保持中国画的传统特色，创造出一种半抽象墨彩交辉的意境。

傅抱石

傅抱石，1904 年生，祖籍江西新余。少年家贫，11 岁在瓷器店学徒，自学书法、篆刻和绘画。

傅抱石成名于 20 世纪 40 年代，但认知面并不覆盖到社会各阶层。给傅抱石带来大名气，让全社会都认同的，是作于 1959 年秋的巨幅山水画《江山如此多娇》 。

1959 年 6 月，应湖南人民出版社之邀，傅抱石在湖南长沙、韶山一带参观写生，创作了一批重要的作品，其中有《韶山》手卷，《韶山耸翠》、《慈悦晚钟》、《石壁浪泉》等韶山组画及《毛主席故居》等二十余幅。7 月上旬，他突然接到江苏省国画院要他速归的电报，大意是：抱石同志，中央来电，请你火速进京。于是他中断了写生创作急忙回家，到家后才知道是周恩来总理和陈毅副总理联名点将，要他为人民大会堂绘画。于是，他冒着盛暑，匆匆赶到北京，下榻北京前门的东方饭店，任务是与岭南画家关山月合作，为人民大会堂作画。

1959年是新中国成立十周年，首都落成了十大建筑，最宏伟的是人民大会堂。中央邀请全国各地著名画家来京，按建筑布景需要分别作画。原打算请傅抱石和关山月分别各画一幅山水，作于从北门拾级而上的步入宴会厅必经之地的迎面开阔大墙上，因来不及布置大型浮雕，需改用国画替代，故请已经到京的傅先生和关山月先生合作，以毛泽东词《沁园春·雪》为内容，合作画幅大画，题目叫《江山如此多娇》，是周恩来总理定的。

画幅要求高5.5米，宽9米，计有50平方米，荣宝斋的老师傅甲三十多张清朝乾降年间的“丈二匹”宣纸拼接而成，在画厅里立起一块约3米高、9米宽的大画板，上下设9米长的两根轴，先把纸卷在上轴，从下端开始逐段往上画，纸随着往下卷，作画时是看不到全貌的。傅抱石作画所用的大笔和排笔的竿子，就有一米多长，像扫帚一样，调色用大号搪瓷面盆，一摆就是五六个。他们夜以继日地工作，前后用了两个月的时间，关山月先生画几株大松树，傅先生画山岩瀑布、远景雪山和长城等，赶在国庆节之前完成了这幅旷古未闻的巨制。

大画完成后，裱在饭店大礼堂地板上，几乎占满了整个空间，站在门口也看不到整体效果。画面上同时出现了春夏秋冬的不同季节，同时出现了东西南北、高山平原的不同地貌和长城内外、大河上下的不同自然景观。傅抱石后来较详细地做了描述："近景是高山苍松，采用青绿山水重彩画法，长城大河和平原则用淡绿，然后慢慢虚过去。远处则云海茫茫，雪山蜿蜒。右上角的太阳，红霞耀目，光辉一片，冲破了灰暗的天空，使人感到'红装素裹，分外妖娆'。"这幅煌煌巨制庄重典雅，笔墨淋漓，气势磅礴，尺幅之大创下了历史记录，画面右上角的一轮红太阳的直径就将近一米。9 月 27 日，从外地回京的毛泽东主席为画题写了"江山如此多娇"。这是毛泽东一生唯一为绘画作的题字。题字放大后，由沈左尧和李方白两位先生描到画面上，仅一个"娇"字就将近一米。

大画装裱上墙后，以恢宏的气势、深远的意境和昂扬向上的主题风貌，赢得了全中国乃至世界不同文化层次人士的欣赏、赞美，也立即成为许多报刊竞相报道、登载的内容，很长一段时间内作为国家领导人会见重要外宾时合影的背景而经常出现在各种新闻媒介中，从而成为民族精神的象征而家喻户晓，同时也在中国绘画史上留下了重要的一章。

李可染

李可染1907年3月26日生于江苏徐州，13岁学习传统山水画；16岁入上海私立美专师范科学习。1929年以优异的成绩入杭州西湖国立艺术院，破格录取为研究生，师从林风眠、法国名画家克罗多两位教授，研习西画；1943年应聘为重庆国立艺专讲师，从事中国画教学、创作；1946年应徐悲鸿之聘，为国立北平艺专中国画教授，同时师从齐白石、黄宾虹，潜心于民族传统绘画的研究与创作；1954年后他以造化为师，屡下江南，探索“光”与“墨”的变幻，形成了独特的风格。可以以“黑”、“满”、“崛”、“涩”来概括其艺术内涵，为水墨世界开创出新的格局。

1929年，对于22岁的李可染来说，是意义重大的一个年份。那年，他超越了7年学历，报考西湖国立艺术院首届油画研究生。由于他现场所作的巨幅人体油画，画风雄厚大胆，被慧眼识才的林风眠校长破格录取。其实，那次是他第一次拿油笔，还是同时前来报考的山东青年张眺临阵教给他的。

正式开学，到了课堂上，李可染拿起从未曾拿过的炭条准备画素描，却不知从何下手。他自愧画拙，总是扣放画板，待教授来课堂指导时才翻正过来。画板一角写着一个“王”字，原来那是“亡”字的密码暗示，暗示自己，努力练素描，画不好素描宁死。

由于李可染有扎实的素描功底，他的山水画作品让人感受到了屹立千年的中国山水。一种范宽式的饱满构图，山势迎面而来，瀑布浓缩为一条白色的裂隙，用沉涩的笔调一寸一寸地刻画出来，绵绵密密地深入到画面的每一个角落，在一张纸上，表现出最大、最丰富的内容。李可染的水墨画一扫逸笔优雅的文人积习，尤其是那以悲沉的黑色形成的基本色调，深深地抓住了人们的视觉。而在这悲怆旋律的制约下，画中即使偶有淡淡的幽雅，也会被这“黑色世界”造成的凄迷的基调所吸引。李可染山水画的价值，主要是他创造性地探索出了一种新的图式，并且表现出了浑厚、博大的精神力量。

新中国成立后，李可染进一步致力于中国画艺术的革新。将“可贵者胆，所要者魂”、“用最大的功力打进去，用最大的勇气打出来”为座右铭，使古老的山水画艺术获得了新的生命。李可染的山水深厚凝重，博大沉雄，以鲜明的时代精神和艺术个性，促进了民族传统绘画的嬗变与升华。他自成体系的教育思想，出现了活跃于画坛的“李可染学派”。他不仅是画坛辛勤耕耘七十余年的一代宗师，而且在艺术观念的开拓上也做出了重要贡献。其影响早已越出美术界，受到各方面的高度评价。

吴冠中

吴冠中1919年出生于江苏省宜兴，1942年毕业于国立艺术专科学校，曾任教于国立重庆大学建筑系；1946年考取教育部公费留学；1947年到巴黎国立高级美术学校；1950年秋回国，先后任教于中央美术学院、清华大学、北京艺术学院、中央工艺美术学院。

《一九七四年·长江》是吴冠中画作中最富传奇性的一幅画。该画长603厘米，高19.5厘米，是一幅画在纸上的油画长卷。画在纸上的油画很少，为何这幅巨作却是在纸上完成的？据介绍，1974年北京饭店装修需要创作一幅大型壁画，计划以长江三峡为题材。黄永玉、袁运甫等几位艺术家接到该任务，55岁的吴冠中也被从农村调回。他们为壁画创作赶赴长江写生，长达3个月，行程逾万里。但因为一些原因，此次创作最终夭折，吴冠中根据写生素材画了一幅画稿，由于是稿子，便画在了纸上。随后，吴冠中搬了几次家，此画稿辗转迁徙也被逐渐淡忘。直到2004年春节，吴冠中长子吴可雨从新加坡回来，无意间在床下闲置的杂物抽屉中发现了一个旧信封，里面有一卷没有落款、没有题名的油画，他拿着画忙去询问父亲，才知道这就是被认为已丢失多年的《一九七四年·长江》。

吴冠中是20世纪现代中国绘画的代表画家之一，他致力于油画民族化和中国画现代化的探索，形成了鲜明的艺术特色，多次在中国美术馆举办个人画展，并先后在香港、新加坡、美国、英国、法国等国的艺术馆和博物馆举办画展。2000年，吴冠中入选法兰西学院艺术院通讯院士，他不仅是首位获此殊荣的中国籍艺术家，也是首位亚洲人获得这一职位。

吴冠中先生的画综合了西画与中国画之精髓，用笔简练，后期作品常喜以点、线造形，创自己独解，诠释自然之美，人生喻其中，竟如他艰辛磨难的经历，寻味良久……

关山月

关山月，1912年生，中国现代画家。曾任中国美术家协会副主席、广东省美术家协会主席、广东画院院长。中国美术家协会顾问、广东画院名誉院长、广州美术学院终身教授、享受政府特殊津贴。

关山月1933年毕业于广州市立师范学校，后任小学教师，其绘画才能被高剑父发现，1935年入“春睡画院”，随高剑父先生学画。1939年，他以《渔民之劫》等作品参加了在苏联举办的中国美术展览。同年秋至1940年春，他首次于中国澳门、香港及湛江举办个人画展，之后他自广东出发，经广西、贵州、云南、四川、甘肃、青海、陕西等省区，深入生活，收集素材，边写生，边创作，并沿途举办个人画展，以卖画维持生活和筹措资金，他在敦煌石窟临摹过壁画，研习传统艺术。

此次旅行写生，为他后来的艺术成就奠定了坚实基础。1946年，被聘为广州市立艺术专科学校教授兼中国画科主任。1947年作南洋之行，先后在泰国、马来西亚和新加坡等地旅行写生，作品描绘热带风光，并举办个人画展，受到华侨的欢迎。翌年又在香港、上海、南京举办西南、西北及南洋旅行写生画展，并出版《关山月纪游画集》（2辑）。1949年春，在香港参加人间画会的艺术活动。中华人民共和国建立后，他先后担任中南文艺学院教授兼中南文联美术部副部长、中南美术专科学校教授兼副校长、广州美术学院教授兼副院长、中国美术家协会副主席、美协广东分会主席、广东画院院长。1957年由国家委派赴欧洲主持中国近代百年绘画展览。1982年被香港中文大学聘为学位考试委员会校外委员。他始终坚持深入生活，勤奋创作，其代表作有《新开发的公路》、《俏不争春》、《绿色长城》、《天山牧歌》、《碧浪涌南天》、《祁连牧居》、《长河颂》及与傅抱石合作的《江山如此多娇》，在《江山如此多娇中》周恩来周总理也提出了宝贵的意见。此外，他还访问过波兰、法国、瑞士、荷兰、苏联等国，并在日本、澳大利亚举办画展，在美国讲学和进行艺术交流。1991年捐资中国美协设立"关山月中国画教学创作基金"，捐赠作品建立深圳"关山月美术馆"。

关山月在艺术上坚持岭南画派的革新主张，追求画面的时代感和生活气息。他的山水画立意高远，境界恢宏；他的梅花，枝干如铁，繁花似火，雄浑厚重，清丽秀逸。他先后出版有《关山月画集》、《关山月、傅抱石东北写生选》、《关山月作品选》、《井冈山》等作品。

石　鲁

石鲁，1919年生，原名冯亚衍，四川仁寿县人。因崇拜清初大画家石涛和现代革命家、文学家鲁迅而改名“石鲁”。

在20世界60年代中期到70年代末期，石鲁的艺术探索被诬为“野怪乱黑”，身心受到严重的打击摧残，在痛苦的疾病折磨和残酷的政治迫害下，刚直不阿、拼搏奋斗的石鲁，顽强的与命运抗争，更加愤发的将民族传统的中国画进行更加大胆的改革探索。石鲁后期创作的书画作品，其具体内涵和特殊形态，与他在文革中的遭遇直接有关，他成了一个最清醒的狂人和最病态的开拓者，他的作品出现了常人不可想象的奇异景观，他挑战和颠覆传统的创作手法，表达难以用言语传递的内涵，创造了奇峭悲壮的惨烈之美。

《转战陕北》是石鲁为新中国成立十周年而创作的。这幅画融合了高远和深远两种表现方法，通过独特的构成方式，塑造了毛泽东的革命胸怀和英雄气概。前面的近景是高远法，山体巍峨雄壮，用了纪念碑式的构图方法，再加上笔墨十分厚重，给人以崇高伟大之感，很好地衬托出了毛泽东高韬远略、气吞山河的伟人形象。近景山体上竖直的墨线压住厚重的色调，显示出直冲云霄的势头，而这种势头又被长短不一的横线多层次地截断，遏制了上冲的感觉。这样一来，在山体中就积聚了一股沉厚的待发之力。而位于画眼位置的毛泽东侧立像则是一条未被截断的竖线，所有蓄积于山体中的上冲力在这里得到了爆发，人物所占空间虽小，却有天地一人、统领山河之气魄。人物设置偏向画面的右侧，又面向画外，这样就将画面之势引向画外，冲向更广阔的天地，形成画面宏大的精神气度。远景以深远法画成，由浓而淡、再浓再淡的墨色，使画面向远处无止境地延伸，创造出辽阔的意境。这样高远和深远的结合，在横与纵的空间，以有限的画面表现了无限的意境，使这幅作品具有了雄健博大的风神气度。据说这一构图形式的灵感来自于从飞机上鸟瞰延安宝塔孤耸于陕北高原上的形象。石鲁以其独到的眼光和创造性，把这一原本壮阔的自然形式转换为艺术形式，使《转战陕北》意境开阔、气势逼人，成为革命历史题材绘画的经典。

《转战陕北》中的笔墨概括凝练、扛鼎有力，粗笔大线，抑扬顿挫，既有黄土高原的宏阔高迈，又有陕北民歌的酣畅嘹亮，豪放中见稳健，淋漓中见沉厚，有强烈的主观表现性和笔墨自主性。在此作中，石鲁对笔墨的处理注重对“意”的表现，而不拘泥于具体物象的客观表达。比如前景主要山体以浓重墨线勾勒结构，再附以大笔皴擦，十分概括。阳面渲染红色，粗重的墨线与厚重的朱碟、赭石等色交叠挤压，浓墨重彩，塑造出突兀而立、朴实雄浑的西北高原的艺术形象，造成了热烈、沉雄、厚重与伟岸的气势。人物构图虽小，但却是整幅画中最浓重的一处墨色，在虚淡的远景的衬托下，显得极有分量，稳稳地压住了全局。石鲁在这里选用了毛泽东的侧立像而不是正面像，避免了谨小失大，从而使这一形象更凝练有力。

石鲁认为：“画有笔墨则思想活，无笔墨则思想死。画有我之思想，则有我之笔墨；画无我之思想，则徒作古人和自然之笔墨奴隶矣。”情动于衷，笔由心出，这是石鲁的独特个性。石鲁在《转战陕北》中的笔墨表达与这一革命历史主题水乳交融，使艺术性和思想性得到了完美的统一。

陈丹青

1953年，陈丹青出生，他的父亲陈兆炽因喜极文天祥“留取丹心照汗青”一词，取名“陈丹青”。陈丹青在上海闹市区石门一路的石库门弄堂里长大，从小就喜欢画画。

20岁那年，陈丹青被调到南昌的江西出版社参加连环画学习班，天天画连环画，就想从此做个连环画画家。21岁以后，辗转到了苏北农村，还在一个乡办企业画过几百个骨灰盒。他早年的主题性创作《给毛主席写信》，表现一群知青决意“扎根”农村的心意，而他内心却和成千上万知青一样，盼望回城。1978年，陈丹青以同等学力考入中央美术学院油画系研究生班。两度进藏，画出了让他从此留名的中国油画史上“里程碑式”的作品《西藏组画》。1980年毕业留校，1982年赴纽约定居，1983年6月，陈丹青的个人画展成为中国当代画家在美国举办的第一个个展，随后，他在美国取得了属于一个艺术家应该有的几乎所有成就。

陈丹青于80年代初被国内同仁认为是最具才华的油画家，直至今日，油画圈仍存在着“陈丹青情结”。“西藏组画”被公认为文革后划时代的现实主义经典油画作品，在美术界及文艺界引起很大轰动，持续获得广泛的关注、评论、研究与影响。《西藏组画》对当时长期盛行并严重教条化的主题性创作模式发生冲击，被认为是中国写实油画自前苏联影响转向溯源欧洲传统的转折点。而陈丹青对写实能力的熟练把握，对欧洲古典油画语言的深刻理解，令沉醉于油画传统手法的观众佩服不已。

1982年，陈丹青以自由画家身份移居纽约，2000年回国后作为清华大学特聘教授之一，任清华大学美术学院教授、博士生导师，同时主持“陈丹青工作室”的工作。